Thomas Geduhn

Das RouterPrinzip

Das kleine 1x1 des Berufseinstiegs
für junge Menschen mit Behinderung

Das Buch für Unternehmer

Impressum

Füngeling Router e.V. (Hg.)
Thomas Geduhn (Autor)
Das RouterPrinzip - Das kleine 1x1 des Berufseinstiegs
für junge Menschen mit Behinderung

Layout: Norbert Golluch
Umschlag: Norbert Golluch
Fotos Innenteil: Christian Manz, Thomas Geduhn
Druck: LV.Druck, Münster

ISBN 10: 3-00-030144-5
ISBN 13: 978-3-00-030144-5

2. Auflage 2011

www.projekt-router.de

Inhalt

Allgemeines zum RouterPrinzip

In Gesprächen mit anderen Unternehmern sind Sie vielleicht auf das ***RouterPrinzip*** aufmerksam gemacht worden. Auf jeden Fall hat Ihnen irgendjemand dieses kleine Buch in die Hand gedrückt, und nun stellt sich die Frage, ob Sie sich einlesen wollen. Wofür sollten Sie das tun?

Eine mögliche Antwort liest sich so:
Sie leiten ein Unternehmen oder eine Abteilung in einem Unternehmen, und Sie suchen Nachwuchskräfte für eher einfache Helfertätigkeiten und Zuarbeiten! Ganz einfach Mitarbeiter, die ihr höher qualifiziertes Personal unterstützen und dadurch entlasten können.

Auch wenn viele denken, dass dies kein Problem sein dürfte, Sie wissen: Das ist ein Problem!

Lassen Sie sich also nicht von anderen irreführen und lesen Sie ruhig weiter!
Denn auch die nachhaltige und gute Besetzung von Arbeitsplätzen im Bereich der einfachen Helfertätigkeiten und Zuarbeiten benötigt eine hohe Aufmerksamkeit. Und selbst wenn es keiner gerne hört, verlässliche Profis im Bereich wiederkehrender und vermeintlich eher monotoner Arbeiten sind auf Dauer gesehen oft MitarbeiterInnen, die eine kognitive Einschränkung haben.

Ist eine solche Aussage nicht eigentlich diskriminierend? Wir finden eindeutig ***Nein***!

Diskriminierend wäre aus unserer Sicht eher, wenn wir Menschen mit kognitiven Einschränkungen dazu anhalten würden, sich Tag für Tag mit für sie zu komplexen Sachverhalten auseinanderzusetzen. Warum? Weil in dem Fall bei den meisten von Anfang an klar wäre, dass sie an ihrer Aufgabe mit aller Voraussicht scheitern, weil sie überfordert sind.

Unsere bisherigen Erfahrungen als *Füngeling Router* zeigen deutlich, dass sich junge Menschen mit kognitiven Einschränkungen in den Bereichen der einfachen Helfertätigkeiten zu motivierten und ja - glücklichen MitarbeiterInnen entwickeln. Wohin sich diese MitarbeiterInnen im Laufe der Jahre dann noch weiterentwickeln werden, wird sich, abhängig von deren Möglichkeiten und Interessen, zeigen.

Mit Hilfe des ***RouterPrinzip*** stehen solchen jungen Menschen heute viele Wege zu den unterschiedlichsten Anlerntätigkeiten offen.

Durch eine zugegebenermaßen glückliche Fügung konnten sich 2003 unternehmerische Interessen mit dem arbeitspädagogischen Anliegen, junge Menschen mit Behinderung in Arbeit zu bringen, im ***RouterPrinzip*** vereinen.

Mit der Ihnen vorliegenden Publikation möchten wir Sie einladen, unser ***RouterPrinzip*** und seine unterschiedlichen Wege zu erkunden. Vielleicht ist ja ein Weg darunter, der auch Sie begeistern kann.

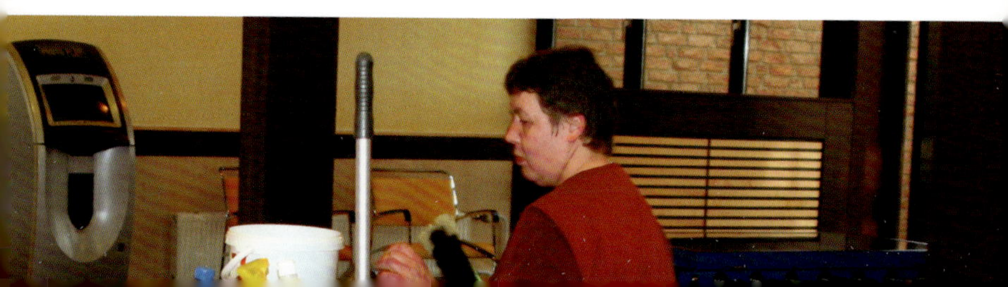

Das RouterPrinzip coacht, begleitet und unterstützt junge Menschen mit Behinderung an ihrem Qualifizierungs- und Arbeitsplatz in Partnerunternehmen. Neben den jungen Menschen selbst werden auch das Unternehmen und seine MitarbeiterInnen gecoacht und unterstützt.

Will ich einen jungen behinderten Menschen beschäftigen?

Die Antwort ist denkbar einfach! Ohne einen Versuch können Sie keine Entscheidung treffen. Wichtig ist in einem ersten Schritt, dass Sie eine Arbeitsstelle haben, die Sie langfristig besetzen wollen und die so beschaffen ist, dass ein junger Mensch mit Behinderung diese Stelle gut ausfüllen kann.

Wenn Sie sich -im Grundsatz- für diese Idee entscheiden konnten, schauen wir im zweiten Schritt, ob es einen jungen Menschen gibt, der sich an seinem möglichen späteren Arbeitsplatz einarbeiten kann. Dies geschieht bei dem Erlernen erster beruflicher Fähigkeiten oder anders gesagt, im Rahmen einer betrieblichen Einstiegsqualifizierung.
Ein Bewerber mit Behinderung wird mit aller Voraussicht in manchen Bereichen eine begleitende Unterstützung benötigen. Genau hierfür gibt es

unser mobiles Arbeitstraining und unsere flankierende soziale Unterstützung.
Diese Maßnahmen gehören zu den umfangreichen Lernschritten -den Qualifizierungsmodulen- des ***RouterPrinzip***.
Mit aller Voraussicht wird es bei diesem jungen Menschen etwas länger dauern, bis er den Ablauf der Prozesse in Ihrem Unternehmen versteht, bzw. sich darin einfinden kann. Die bisherige Erfahrung zeigt aber ganz deutlich, dass sich viele der jungen Menschen, die wir im Laufe der letzten Jahre qualifizierten, nach einer angemessenen Zeit des Lernens zu verlässlichen MitarbeiterInnen entwickelt haben.
Dass Sie darüber hinaus als Wirtschaftsunternehmen eine wichtige gesellschaftliche Aufgabe übernehmen, verdient Anerkennung und sollte Schule machen. Bei der Entscheidung einer betrieblichen Einstiegsqualifizierung und der späte-

ren Einstellung steht das jedoch nicht an erster Stelle. Wirtschaftsunternehmen wird oft nachgesagt, dass sie ausschließlich und aggressiv profitorientiert agieren und bei der Einstellung neuer MitarbeiterInnen mit Behinderung gerne auf die finanziellen Zuschüsse schauen.

An dieser Stelle möchten wir gerne einige Vorurteile entschärfen bzw. ausräumen:

1. Tatsache ist, dass ein Wirtschaftsunternehmen stets gewinnorientiert handeln sollte, da ansonsten die Gefahr des Konkurses besteht.

2. Tatsache ist ebenfalls, dass es Menschen und damit Unternehmer gibt, deren Interesse an anderen Menschen eher gering ist. Aber das sind zum Glück nur wenige!

3. Tatsache ist aber auch, dass es keineswegs verwerflich ist, wenn einer – egal ob Unternehmer oder nicht – einen Zuschuss annimmt, der ihm zudem gesetzlich zusteht.

4. Und Tatsache ist, wenn hierdurch ein anderer eine ernst gemeinte berufliche Chance bekommt, dann ist dies nur gut!

Wir von *Füngeling Router* möchten gemeinsam mit Ihnen und interessierten jungen Menschen mit Behinderung neue Wege der betrieblichen Einstiegsqualifizierung und der anschließenden kooperativen Beschäftigung gehen.

Kurz zusammengefasst sieht das so aus:
Sie als UnternehmerIn haben einfache Helfertätigkeiten, für die Sie mittel- bis langfristig endlich verlässliche MitarbeiterInnen finden möchten?
Wir qualifizieren, beschäftigen und unterstützen junge Menschen mit Behinderung, die aufgrund ihrer kognitiven Einschränkungen Profis in einfachen und wiederkehrenden Arbeiten werden können.
Als ein etwas anderer Personaldienstleister können wir mit Hilfe der integrativen Arbeitnehmerüberlassung nach der gemeinsamen betrieblichen Qualifizierung im Bedarfsfall auch in die kooperative Beschäftigung einsteigen.

Wie sich diese Wege nun gestalten, werden wir Ihnen in den nächsten Kapiteln genauer erklären. Hierbei versuchen wir, so oft es uns möglich ist, die sprichwörtliche unternehmerische Brille aufzusetzen, um die Prozesse aus Ihrer Sicht zu betrachten.

Wenn Sie dann zwischendurch wissen möchten, wie sich solche Wege für einen jungen Menschen gestalten – drehen Sie das Buch einfach um!

Was muss ich dabei bedenken?

Neben den fachlichen Fähigkeiten, die ein junger Mensch mitbringen sollte, ist das offene und ungezwungene Zusammenarbeiten von behinderten und nicht behinderten MitarbeiterInnen eine wesentliche Voraussetzung.
Der offene und ungezwungene Umgang mit behinderten Menschen fällt leider vielen Menschen immer noch schwer. Die meisten von uns haben dies schlichtweg nicht lernen können, da es im engeren Umfeld scheinbar keine behinderten Menschen gibt oder gab. Dies führt in der Arbeitswelt dazu, dass viele nicht behinderte Menschen sehr verunsichert sind, wenn sie auf einmal mit einem behinderten Menschen zusammenarbeiten sollen, vielleicht sogar für ihn Verantwortung übernehmen sollen. Wie soll das gehen? Zumal der Arbeitstakt und die Arbeitsbelastung im beruflichen Alltag leider eher steigen als sinken. Wenn Sie sich als UnternehmerIn dazu entschließen, den nächsten Arbeitsplatz mit einem

behinderten Bewerber zu besetzen, machen Ihnen diese oder ähnliche Gedanken ein wenig Angst. Vielleicht halten Sie diese Gedanken auch von der Entscheidung ab, es einmal zu wagen.
Verständlich! Denn, wie können Sie sicher sein, dass Sie und Ihre MitarbeiterInnen mit einer solch neuen Situation richtig umgehen können? Was ist, wenn der junge Mensch mit Behinderung nicht in das Unternehmen und das Team passt?
Bei all diesen Fragen kommt ja noch hinzu: Das Geschäft bzw. Unternehmen läuft natürlich weiter und die Probleme Ihrer jetzigen MitarbeiterInnen erfordern bereits Ihre ganze Aufmerksamkeit!

Es ist wichtig, dass Sie sich diesen Fragen *vor* einer möglichen Qualifizierung oder Beschäftigung eines jungen Menschen mit Behinderung stellen. Hat der Arbeitsalltag erst einmal alle erfasst, bleibt wenig Zeit und Ruhe, um sich angemessen mit Ihren Bedenken und Ängsten auseinander zu setzen.

Aber was ist eine Behinderung eigentlich?
Eine Behinderung kann verschiedene Ursachen haben, die wir hier nur kurz anreißen können:

Die kognitive Behinderung kann eine starke Lernbeeinträchtigung bis hin zu einer geistigen Beeinträchtigung sein, in der der beeinträchtigte Mensch eine dauerhafte und leitende Unterstützung benötigt. Menschen mit einer kognitiven Behinderung können vielleicht nur eingeschränkt oder gar nicht lesen, schreiben oder rechnen. Viele Gespräche, Texte und Zusammenhänge können sie nur schwer verstehen, manch-

mal bleiben sie ihnen auch verschlossen. Wenn die Aufträge zu komplex werden, weiß ein Mensch mit kognitiven Einschränkungen manchmal nicht mehr, was der andere von ihm alles erwartet. Erkenntnisse auf neue Situationen zu übertragen, fällt vielen schwer.

Die körperliche Behinderung führt zu erheblichen körperlichen Einschränkungen, die so weit gehen können, dass der beeinträchtigte Mensch in Teilbereichen oder stets einen Assistenten benötigt. Oft ist es aber so, dass körperliche Beeinträchtigungen durch spezielle Hilfsmittel kompensiert werden können. Es ist nicht selten, dass Menschen mit körperlicher Behinderung ihre Dinge nicht so schnell erledigen können, wie es ein nicht behinderter Mensch kann. Bei manchen Körperbehinderungen ist auch die Sprache eingeschränkt, die Mimik wirkt zum Teil auch verzerrt. Dann wird fälschlicherweise angenommen, dass dieser Mensch auch eine geistige Behinderung hat.

Die seelische Behinderung führt zu einem Ungleichgewicht des emotionalen Erlebens eines behinderten Menschen. Sie kann so massiv werden, dass sich der hiervon betroffene Mensch in sich zurückziehen muss und den Kontakt zu seiner Außenwelt vielleicht zeitweise abbrechen muss, da er mit den äußeren Einflüssen überfordert ist. Bei Stress oder in Angstsituationen benötigen einige vielleicht die leitende und unterstützende Hilfe eines Partners, der mit dem Krankheitsbild vertraut ist.

Sinnesbehinderung - die bekanntesten Sinnesbehinderungen sind Schwerhörigkeit / Gehörlosigkeit und Sehbehinderung / Blindheit.
Menschen mit einer Sinnesbehinderung können aus den verschiedenen Erlebniswelten nicht eingeschränkter Menschen ausgeschlossen werden. Die für alle Nicht-Behinderten verständlichen Bedeutungen können für Menschen mit Sinnesbehinderungen im Alltag zu unüberwindlichen Hürden werden. Wie soll ein Mensch mit einer

massiven Hörbehinderung z.B. den Wortschwall oder vielleicht die von allen genutzten Abkürzungen schnell genug verstehen? Er kennt die Bedeutung vielleicht gar nicht! Auch hier können manche Einschränkungen und Beeinträchtigungen durch technische Hilfen kompensiert werden. Wichtig ist aber, dass alle Beteiligten in unklaren Situationen Geduld und die Bereitschaft mitbringen, sich auf ein ‚anderes Verstehen' einzulassen.

Weitere Behinderungsformen sind verschiedene Krankheiten wie eine Krebserkrankung, Diabetes II oder andere schwere Erkrankungen. Fatal ist hierbei oft, dass organisch bedingte Behinderungen für andere zumeist nicht erkennbar sind. Somit ist die Gefahr groß, dass sich die Betroffenen oft überfordern und die anderen Beteiligten nicht verstehen, warum so vieles schief läuft und der andere vielleicht so ´komisch` wirkt.

Keiner setzt sich gerne mit seinen oder den Schwachstellen anderer auseinander. Aber denken Sie daran, Sie möchten einen jungen Menschen mit Behinderung in Ihrem Unternehmen qualifizieren und beschäftigen. Der erste wichtige Baustein hierfür ist, dass Sie möglichst viel über die behinderungsbedingten Einschränkungen wissen. Damit verliert eine Behinderung oft an Schrecken. Sie glauben nicht, wie schnell Sie bei diesem Prozess erkennen werden, wie viele Stärken der junge Mensch gleichzeitig in sich trägt. Die Behinderung tritt bei der Arbeit in den Hintergrund!

Spätestens dann, wenn Sie mit uns darüber reden, werden Sie erkennen, dass dieses Thema keineswegs so schwierig ist und zudem auch noch ein recht spannendes Thema sein kann! Und Sie glauben ebenfalls nicht, wie verblüfft Sie darüber sein werden, dass Sie, einmal für ein solches Thema sensibilisiert, erkennen werden, wie viele Menschen in Ihrem Umfeld individuelle Einschränkungen haben!

Klar, altes Thema, man redet doch nicht über solche Dinge! Aber nur das, was ich kenne, kann ich auch wirklich sehen!

Warum gibt es das RouterPrinzip?

Weil durch einen glücklichen Zufall eine Hand voll Menschen im Jahre 2003 zusammenkam, welche die unternehmerischen Belange mit den Möglichkeiten der beruflichen Qualifizierung und Integration junger Menschen mit Behinderung verknüpfen wollten.
Seit 2004 arbeiten wir als anerkanntes Integrationsunternehmen in regionalen Wirtschaftsunternehmen. Mittlerweile setzen wir das ***RouterPrinzip*** in den verschiedensten Wirtschaftsunternehmen erfolgreich um. Tendenz steigend!

Mit unseren ArbeitstrainerInnen coachen wir vor Ort in Ihrem Unternehmen die Menschen so, dass sie zu verlässlichen MitarbeiterInnen heranwachsen können. Hierbei unterstützen unsere ArbeitstrainerInnen auch Sie und Ihre MitarbeiterInnen. In flankierenden Schulungen und Seminaren thematisieren und bearbeiten wir mit der Zielgruppe arbeitsspezifische Aufgabenstellungen und Pro-

bleme in Gruppen. Beim Aufbau ihres Lebens unterstützen wir bei Bedarf die jungen Menschen auch außerhalb der Arbeitsstelle.
Der Erwerb von ersten beruflichen Fähigkeiten ist ein wichtiger Meilenstein in der Entwicklung von jungen Menschen. Die Verantwortung hierfür tragen wir gemeinsam mit Ihnen im Rahmen der kooperativen Einstiegsqualifizierung und Beschäftigung.
Eine Kooperation, die auf Dauer angelegt ist und sich dann erst auflöst, wenn der Bedarf gestillt ist und damit der Service von *Füngeling Router* sozusagen überflüssig wird!

Der Aufbau eines Routers

Aus unserer mittlerweile langjährigen Erfahrung wissen wir, dass der Einstieg in das Berufsleben vielen jungen Menschen nicht leicht fällt und dass die arbeitende Lernzeit oft, ähnlich wie bei nicht behinderten jungen Menschen, mehrere Jahre in Anspruch nehmen kann. Aus diesen Gründen ist unser Angebot sehr vielfältig.

Wichtig ist uns folgende Erkenntnis: Erst glückliche und zufriedene Menschen werden wirklich gute MitarbeiterInnen! Aus diesem Grund unterstützen wir unsere neuen MitarbeiterInnen bei Bedarf nicht nur innerhalb der Arbeitsstelle, sondern auch nach Feierabend sowie bei eher privaten Fragen.

Das RouterPrinzip

Anhand des nächsten Schaubildes wird schnell deutlich, dass Wirtschaftsunternehmen mit dem ***RouterPrinzip*** die Möglichkeit erhalten, für Menschen mit einem erhöhten Unterstützungsbedarf eine reelle und dauerhafte Beschäftigung zu entwickeln.
Aufbauend auf der Erkenntnis, dass sich gerade diese Menschen in Teilbereichen zu wertvollen

Profis entwickeln können, spielt der Grad der behinderungsbedingten Einschränkung im Rahmen des ***RouterPrinzip*** nicht die ausschlaggebende Rolle.

Unterstützte Beschäftigung in Unternehmen

WfbM	Betreutes Arbeiten WfbM-Lern-bereich	Betreutes Arbeiten WfbM-Berufs-bereich	Qualifizierung im Betrieb	Regulärer Job integrative Arbeitnehmer-Überlassung	Arbeitsmarkt

Unterstützungsbedarf — **Produktivität**

Für die erfolgreiche Besetzung eines Qualifizierungs- bzw. Arbeitsplatzes sind vielmehr folgende Fragen wichtig:

Für welche einfachen Einsatzbereiche werden neue MitarbeiterInnen gesucht?

Welche persönlichen Voraussetzungen erfordert das Einsatzgebiet?
Wie sehen die Teamstrukturen, der Zeittakt, die Räumlichkeiten etc. aus?

Und mit welchem ***Router Baustein*** kann der junge Mensch in meinem Unternehmen starten und dann später auch beschäftigt werden?

Das RouterPrinzip greift die gesetzlichen Möglichkeiten der Qualifizierung und Beschäftigung junger Menschen mit Behinderung auf. Aus diesem Grunde stehen wir im engen Austausch mit den regionalen Arbeitsagenturen, ARGEN und den Integrationsämtern, in deren Verantwortung die Entscheidung über die Wege in Arbeit liegt. Dass das RouterPrinzip so erfolgreich ist, hat viel damit zu tun, dass die hier aufgeführten Partner an dem Konzept und der stetigen Weiterentwicklung eng beteiligt sind.

Der Einstieg in die Beschäftigung

Mit Hilfe des ***RouterPrinzip*** unterstützen wir Wirtschaftsunternehmen, die jungen Menschen mit Behinderungen eine berufliche Perspektive geben und dabei selbst auch ein Unterstützungsangebot nutzen möchten.

Wie Sie unserem Schaubild auf Seite 25 (Das ***RouterPrinzip***) entnehmen, kann der Einstieg in die Beschäftigung sehr unterschiedlich sein. Ausschlaggebend ist, dass sich der Einstieg in die Beschäftigung immer an dem Bedarf Ihres Unternehmens orientiert!

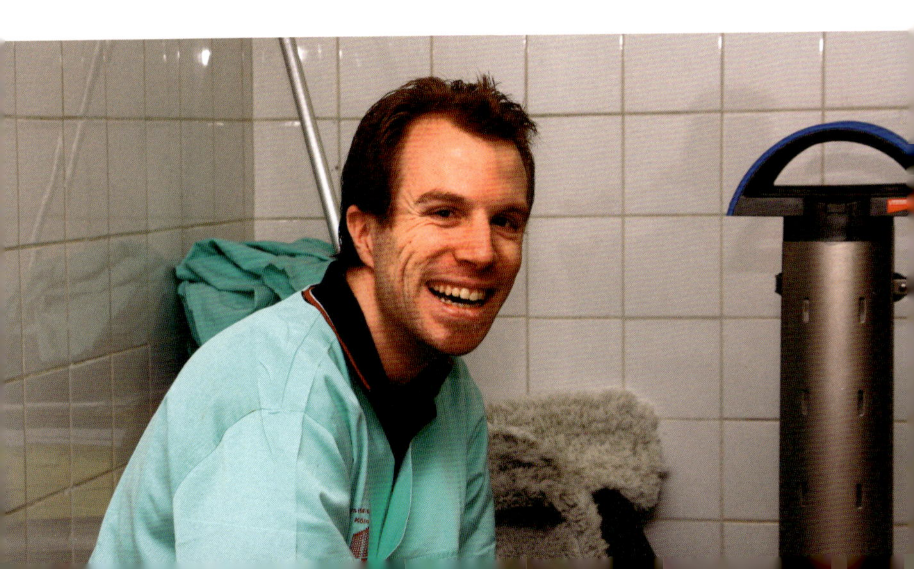

Heute unterstützen und begleiten wir Wirtschaftsunternehmen,

- die im Bereich einfacher Helfertätigkeiten langfristig sozialversicherungspflichtige Arbeitsplätze schaffen,
- die betriebsintegrierte Arbeitsplätze für MitarbeiterInnen einer Werkstatt für Menschen mit Behinderung bieten,
- die in ihrem Unternehmen eine (Werker-) Ausbildung anbieten können.

Sollten Sie mit unserer Unterstützung einem jungen Menschen mit Behinderung eine nachhaltige berufliche Chance geben wollen, kommen wir ganz schnell wieder zum Kernpunkt jeder Beschäftigung:

Welche einfachen Arbeitsplätze machen Ihnen heute Sorgen und rufen nach einer nachhaltigen Besetzung durch einen neuen Mitarbeiter?

Das Er-Finden eines passenden Arbeitsplatzes

Nachdem Sie sich dazu entschieden haben, dass Sie einen jungen Menschen mit Behinderung qualifizieren und beschäftigen möchten, werden wir nun gemeinsam mit Ihnen in Ihrem Unternehmen den von Ihnen anvisierten Arbeitsplatz betrachten.

Es kann sein, dass Sie schon eine genaue Vorstellung der möglichen Tätigkeit haben. Es kann aber auch sein, dass wir vielleicht gemeinsam aus einzelnen Teilarbeiten eine ganz neue Helfertätigkeit zusammensetzen. Es kann auch sein, und das wäre sehr schön, wenn im Laufe des Findungsprozesses Ihre MitarbeiterInnen weitere gute Ideen einbringen.

Ein interessantes Nebenprodukt dieses ´Er-Findens` ist oftmals die gleichzeitige Entlastung Ihrer höher qualifizierten MitarbeiterInnen; und zwar von Tätigkeiten, die unsere zukünftigen MitarbeiterInnen vielleicht in Zukunft sogar besser ausführen werden.

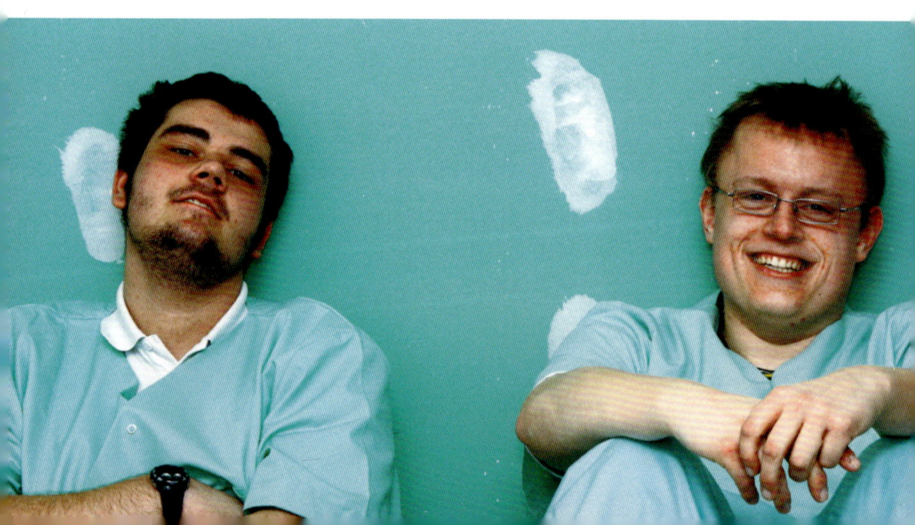

MitarbeiterInnen mit kognitiven Einschränkungen entwickeln sich mit der nötigen Unterstützung oftmals zu verlässlichen und guten MitarbeiterInnen in einfachen und wiederkehrenden Helfertätigkeiten.
Die sich aus der Zusammenarbeit von qualifizierten und ´scheinbar` nicht qualifizierten MitarbeiterInnen ergebenden Synergiegewinne sind enorm. ´Scheinbar` bedeutet, dass sich im Laufe der Zeit zeigt, wie wichtig und wirksam es ist, MitarbeiterInnen in den Bereichen der Helfertätigkeiten optimal zu qualifizieren!

Das Einstimmen des Teams für die neue Idee

Nachdem wir mit Ihnen einen möglichen Einsatzbereich beschrieben oder erfunden haben, wird es nun wichtig, dass wir gemeinsam Ihr Team *´mit ins Boot`* holen.

Um als Arbeitstrainer ein Verständnis für den ins Auge gefassten Arbeitsbereich zu bekommen und das Team erst einmal kennen zu lernen, ist es gut, wenn unser Arbeitstrainer für ein paar Stun-

den in Ihrem Unternehmen mitarbeitet. Während der Arbeit lassen sich Fragen viel besser klären, und Ihr Team kann sich vorab schon einmal auf die geplante personelle Erweiterung einstimmen.

Die gute Vertrauensbasis zwischen Ihrem Team und unseren ArbeitstrainerInnen ist einer der wichtigsten Schlüssel für die gelungene Integration!
Ein gutes und gelungenes Arbeitstraining zeichnet sich dadurch aus, dass nach der Zeit des Kennenlernens keiner mehr merkt, dass ein ´Außenstehender` in den Arbeitsprozess eingestiegen ist!

Die Suche nach der passenden Bewerberin / dem passenden Bewerber

Nachdem wir Ihren Bedarf kennen gelernt haben und in Ihrem Unternehmen auch schon einmal ein bisschen *Stallgeruch* aufnehmen konnten, be-

geben wir uns auf die aktive Suche nach einem / einer passenden BewerberIn. Es kann auch sein, dass wir aus unserem Bewerbungspool schon längst einen Menschen ins Auge gefasst haben. Egal an welchem Punkt der Suche wir uns gerade befinden, wir werden Sie sehr zeitnah auf dem Laufenden halten.
Für Sie ist es wichtig zu wissen, dass die Suche auch etwas dauern kann. Es ist eben nicht so ganz einfach, den richtigen Bewerber für den anvisierten Arbeitsbereich zu finden!

Die wesentlichen Aspekte in der Vorauswahl sind diese:
Um welche Art der Beschäftigung wird es sich handeln?
Mündet die betriebliche Qualifizierung in eine sozialversicherungspflichtige Beschäftigung oder in eine andere Beschäftigungsform?
Welche fachlichen Fähigkeiten sollte der Bewerber mitbringen?
Welche persönlichen Voraussetzungen sollte der junge Mensch mitbringen?

Für welche Arten der Behinderung kann sich das Unternehmen öffnen bzw., bei welchen sind die Vorbehalte des Unternehmens unüberbrückbar?

Die passende Bewerberin / der passende Bewerber ist gefunden!

Der passende junge Mensch ist gefunden. Es mag sein, dass es schnell ging. Es kann aber auch sein, dass Sie einige Geduld aufbringen mussten. Selbst wenn viele vielleicht behaupten, dass die Besetzung einer Anlerntätigkeit recht schnell geht:
Die *richtige* Besetzung einer Anlerntätigkeit braucht eine gute Vorauswahl und eben auch seine Zeit.

Das Vorstellungsgespräch

Nachdem wir Ihnen den jungen Menschen anhand der uns schon überlassenen Bewerbungsunterlagen vorgestellt haben, werden Sie ihn nun im Bewerbungsgespräch persönlich kennen lernen.

Für Menschen mit kognitiven Einschränkungen ist ein solches Vorstellungsgespräch oft nicht einfach. Komplexe Gespräche und offene Fragen stellen sie nicht selten vor erhebliche Probleme. Mitunter ist es für manche junge Menschen beschämend, einem Unternehmer / einer Unternehmerin Bewerbungsunterlagen und Zeugnisse vorzulegen. In der Selbstwahrnehmung sind solche Dokumente eher ein Spiegel der eigenen Schwächen und behinderungsbedingten Einschränkungen. Zudem zeigen sie nicht die per-

sönlichen, eher praktisch orientierten Stärken und Fähigkeiten. Nicht zuletzt steht dann auch noch auf dem Zeugnis, dass man auf einer Förderschule war. Das alles ist nicht so einfach! Wie soll man da mit einem gesunden Selbstbewusstsein in die Arbeitswelt starten?

Wenn Sie in dem Bewerbungsgespräch einen ersten guten Eindruck gewinnen konnten, können wir nun den nächsten Schritt besprechen: die Hospitation in Ihrem Unternehmen.

Der erste Eindruck des jungen Menschen kann schnell trügen! Offizielle und komplexe Gespräche stellen junge Menschen mit Lernbeeinträchtigung oft vor große Probleme!
Damit junge Menschen mit einer solchen Beeinträchtigung an Gesprächen teilnehmen können, müssen die Inhalte des Gespräches in einfacher Sprache erfolgen und in Teilbereiche herunter gebrochen werden.

Die wirklichen Stärken werden Sie in einem Gespräch vielleicht noch nicht erkennen können. Sie werden aber vielleicht schon eine Ahnung davon bekommen, wie freundlich und ehrlich diese jungen Menschen sein können, wenn sie nicht permanent überfordert werden.

Die Hospitation in Ihrem Unternehmen

Im Rahmen einer Hospitation des jungen Menschen erhalten Sie nun einen ersten Eindruck davon, ob dieser in Ihr Unternehmen passt. Während der Hospitation wird der Arbeitstrainer bzw. die Arbeitstrainerin von *Füngeling Router* Sie unterstützen.

Neben der direkten Unterstützung des jungen Menschen selbst begleiten und beraten die MitarbeiterInnen von *Füngeling Router* auch Ihre MitarbeiterInnen in allen wichtigen Fragen. Wir wissen, dass es nicht immer einfach ist, seine Fra-

gen in die richtigen Worte zu packen. Durch unser aktives Arbeitstraining schulen wir quasi ´automatisch` auch Ihre MitarbeiterInnen im Umgang mit den Menschen mit Behinderung: Handlungsschritte, die sich auszahlen.

Die Unterstützung Ihres Mitarbeiterteams wird während der gesamten betrieblichen Qualifizierung eine sehr wichtige Rolle spielen. Wie schon an anderer Stelle gesagt, sind nicht wenige Menschen im Umgang mit behinderten Menschen mitunter tief verunsichert. Sie wissen oft nicht: *Wie weit darf ich diese Menschen in ihren Aufgaben fordern und wann beginnt eine Überforderung?* Auch überlasten sich nicht behinderte KollegInnen schnell, da sie aus falscher Rücksicht vielleicht Aufgaben des neuen Mitarbeiters ungefragt übernehmen.

Wenn Sie und Ihre MitarbeiterInnen während der Hospitation zu dem Ergebnis kommen, dass der junge Mensch in Ihr Unternehmen passt, startet nun die eigentliche betriebliche Qualifizierung mit dem nächsten Schritt – der vierwöchigen Arbeitserprobung.

Schließen Sie Ihr Mitarbeiterteam in die Vorbereitung und Auswahl des neuen Mitarbeiters mit Behinderung ruhig schon ein. Hiermit wird Vertrauen aufgebaut und der Teamgeist gestärkt!
Das Wissen, dass der neue Mitarbeiter das bestehende Team im Bereich der einfachen Helfertätigkeiten entlasten soll, werden Ihnen Ihre MitarbeiterInnen danken.

Die kooperative Qualifizierung

Die kooperative Qualifizierung unterhalb der (Werker-)Ausbildung besteht im Wesentlichen aus zwei Schritten:
Der Arbeitserprobung von circa 4 Wochen und der sich anschließenden individuellen Qualifizierung, die von 11 bis maximal 23 Monate dauern kann. Beide Schritte werden an dem zukünftigen Arbeitsplatz in Ihrem Unternehmen durchgeführt.
Als Qualifizierungsunternehmen ist *Füngeling Router* somit fast ausschließlich in den beteiligten Wirtschaftsunternehmen tätig. Praktisch gelernt wird vor Ort in Ihrem Unternehmen, flankiert wird dieser Prozess durch überbetriebliche Seminare und Schulungen.
Hinter dem heutigen Lernplatz wird im Laufe der Qualifizierung der geplante spätere Arbeitsplatz immer deutlicher werden.

Unsere Erfahrung:

Die Idee der kooperativen Qualifizierung im Bereich der Anlerntätigkeiten entwickelte sich in Wirtschaftsunternehmen, die erkannt haben, dass es sinnvoll ist, auch in diesem Bereich die Qualifizierung kompetenter MitarbeiterInnen selbst zu übernehmen.

Vier Wochen Arbeitserprobung

Im ***RouterPrinzip*** steigen alle neuen MitarbeiterInnen mit einer Arbeitserprobung ein. Diese Arbeitserprobung ist sehr wichtig, da in dieser Zeit getestet werden kann, ob der ausgesuchte Mitarbeiter in das Unternehmen passt, ob er die nötigen Fähigkeiten und Fertigkeiten mitbringt …

und, ob das bestehende Team des Unternehmens mit der neuen Aufgabe und der Integration eines behinderten Mitarbeiters auch nachhaltig zurecht kommt.
Trotz vieler Aufklärungsaktionen, trotz vielfältiger finanzieller Unterstützungsangebote für Arbeitgeber, die sich entschließen, einen Mitarbeiter mit Behinderung einzustellen, scheitern aus unserer Sicht noch zu viele berufliche Integrationsversuche. Die Ursachen hierfür sind vielschichtig und auch nicht in einem kurzen Statement zu erklären. Mit Hilfe des ***RouterPrinzip*** möchten wir frühzeitig als Bildungs- und Integrationsunternehmen zwei wichtige ´Baustellen` bedienen:

Erste Baustelle

Als Bildungsunternehmen können wir mit Hilfe der neuen betrieblichen Einstiegsqualifizierung praktische Lernräume erschließen, bei deren Analyse schon der dahinter liegende Arbeitsplatz erkennbar ist. Sowohl junge Menschen mit Behinderung, hierbei insbesondere junge Menschen mit kognitiven Einschränkungen ***als auch*** die nicht behinderten MitarbeiterInnen des Partnerunternehmens erhalten während der betrieblichen Qualifizierung ein Coaching und die Unterstützung der mobilen ArbeitstrainerInnen. Unterfüttert wird dieser Prozess durch flankierende Schulungen der jungen Menschen und eine Sozialbegleitung, die auch die individuellen, zumeist eher privaten Problemfelder dieser Menschen mit Behinderung im Blick hat.

Zweite Baustelle

Als Integrationsunternehmen hält *Füngeling Router* mit Hilfe der integrativen Arbeitnehmerüberlassung auch während der Beschäftigungsphase für besonders betroffene, schwerbehinderte MitarbeiterInnen sein mobiles Unterstützungsangebot im Unternehmen bereit. Dies gibt Sicherheit, für das Partnerunternehmen wie auch für den jungen Menschen mit Behinderung.

Während der Arbeitserprobung wird der Prozess weiterhin eng durch die ArbeitstrainerInnen von *Füngeling Router* begleitet. Ihre wichtigste Aufgabe besteht darin, gemeinsam mit Ihnen und Ihrem Team den jungen Menschen in die Arbeit einzuführen. Wichtig sind uns in den ersten Tagen vor allem auch alle Fragen rund um die Arbeitssicherheit.

Eine Arbeitserprobung kann aufgrund der zeitlichen Begrenzung von vier Wochen erst einmal nur zu vorläufigen Ergebnissen und Annahmen führen. Aber die Zeit reicht zumeist, um zu erken-

nen, ob der junge Mensch soviel Potenzial mitbringt, dass die Fortführung der betrieblichen Einstiegsqualifizierung in Ihrem Unternehmen im Sinne einer späteren Beschäftigung Erfolg versprechend sein kann.

Da unser Arbeitstrainer während der Arbeitserprobung unterstützend in Ihrem Unternehmen mitarbeiten wird, können wir uns als Integrationsunternehmen ein gutes Bild über den Entwicklungsverlauf machen. In Verbindung mit dem offenen Austausch mit Ihnen, werden wir Sie in Ihren Entscheidungen kompetent beraten und unterstützen. Sollten wir gemeinsam feststellen, dass die Weiterführung der kooperativen Qualifizierung nicht zielführend ist, können Sie sicher sein, dass wir als

Bildungsträger die Initiative ergreifen werden und nach alternativen Wegen suchen.
Wenn Sie mehr Einzelheiten zu unserem Arbeitstraining erfahren möchten, drehen Sie bitte einfach diese Publikation um und lesen, was wir dort für die jungen Menschen unter Punkt *4.1 „Vier Wochen Arbeitstraining“* geschrieben haben.

Viele denken, dass Anlerntätigkeiten nur einmal erklärt werden müssen, und dann wird es schon gut sein, denn die Arbeit ´fluppt`.
Schaut man sich den Arbeitsalltag jedoch genauer an, erkennt man schnell, dass das leider oft so nicht stimmt!
Junge Menschen mit kognitiven Einschränkungen brauchen für die versierte Übernahme von Anlerntätigkeiten manchmal ähnliche Lernzeiten wie junge Menschen in regulären Ausbildungsgängen.

Macht eine solche Qualifizierung eigentlich immer Spaß?

Ehrlich gesagt: vielleicht genau so viel oder wenig, wie dies bei der Qualifizierung von nicht behinderten jungen Menschen der Fall ist!
Wie bei anderen Auszubildenden und MitarbeiterInnen wird es Höhen und Tiefen geben, die durch individuelle Probleme oder fachliche Unzulänglichkeiten begründet sein können.
Man muss allerdings wissen, dass junge Menschen mit Behinderung zuvor vielfach in pädagogisch eng gelenkten Lernräumen aufwuchsen und beschult wurden.

Es könnte also durchaus sein, dass der Eintritt in Ihr Wirtschaftsunternehmen den jungen Menschen - und auch seine Familie - schlagartig in eine andere Welt katapultiert. Die Folge: Zeitweilige, zumeist aber oft nur kleinere Störungen könnten hierdurch vorprogrammiert sein! Durchhaltevermögen und eine gewisse Portion Zähig-

keit werden somit aller Voraussicht nach nicht nur dem jungen Menschen abverlangt. Diesen Prozess haben auch andere UnternehmerInnen durchlaufen.
Auch hier muss man genauso ehrlich sein: bereut haben sie es im Nachhinein nicht!

Das Arbeitstraining

Während der betrieblichen mehrmonatigen Qualifizierung können Sie und Ihr Team immer auf die tatkräftige Unterstützung unserer ArbeitstrainerInnen bauen. Gemeinsam mit Ihnen und dem jungen Menschen werden sie kontinuierlich den Lernplan mit neuen Lerninhalten füllen. Es werden immer wieder gemeinsame Zielvereinbarun-

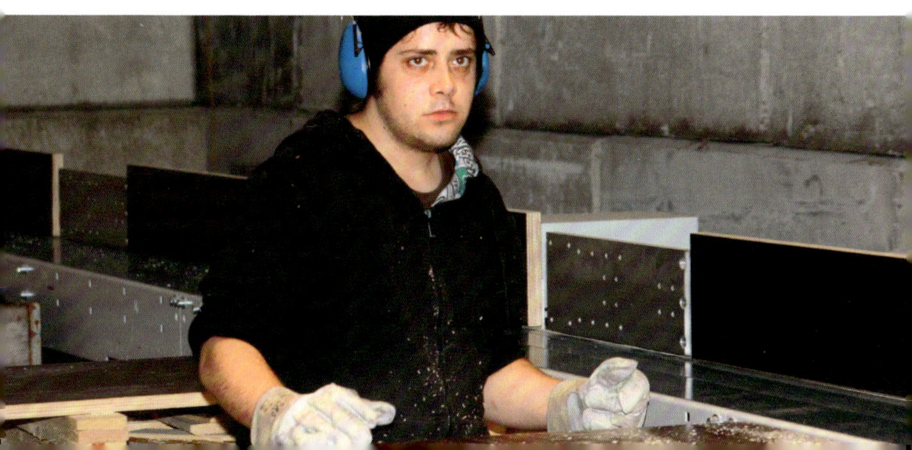

gen getroffen. In Ihrem Auftrag werden sie gemeinsam mit dem jungen Menschen die praktischen Arbeiten einüben und ihn in mögliche neue Aufgaben einführen.
Darüber hinaus werden sie auch weiterhin Ihre MitarbeiterInnen begleiten und an den Punkten coachen und unterstützen, wo auch sie Unterstützung benötigen.
Anders als bei einer (Werker-)Ausbildung wird der Schwerpunkt bei den Anlerntätigkeiten fast ausschließlich in der praktischen Arbeit liegen.
Im Bereich von *´**Betreutes Arbeiten in Unternehmen**`* werden wiederum kleinere Teilbereiche einer Helfertätigkeit im Vordergrund stehen.

Die Erfahrung der letzten Jahre zeigt deutlich, wie wichtig es ist, sich neben den fachlichen Inhalten der Arbeit auch mit den kleinen Mosaiksteinen des menschlichen Miteinanders auseinanderzusetzen. Arbeitsprozesse entwickeln ihre bestmögliche Produktivität oft erst dann, wenn alle MitarbeiterInnen für sich eine Wertschätzung erfahren. Neben dem direkten Qualifizierungsprozess erfährt auch der Bereich der Anlerntätigkeiten durch die Mitarbeit unserer ArbeitstrainerInnen eine neue Wertschätzung. So können Ihre MitarbeiterInnen durch das Coaching unserer ArbeitstrainerInnen im Rahmen von: „Wie coache ich als MitarbeiterIn des Partnerunternehmens den neuen jungen Mitarbeiter mit Behinderung?“ eine allgemeine neue Wertschätzung ihres eigenen beruflichen Handelns konkret und unmittelbar erfahren. Nicht selten setzt das erste Vortasten und Selbstverständnis junger Menschen für das eigene berufliche Können auch noch einmal im Team einen kleineren, allgemeinen Entwicklungsschub in Gang.

Die flankierenden Fortbildungen

Auch wenn insbesondere junge Menschen mit kognitiven Einschränkungen froh sind, endlich schulische Räume hinter sich gelassen zu haben, spielen die flankierenden Tagesseminare im Rahmen der betrieblichen Qualifizierung eine große Rolle.

Während solcher Tagesseminare kommen im Schnitt 6 bis 8 junge Menschen zusammen, die in den unterschiedlichsten Partnerunternehmen arbeitend lernen. Hier können sie sich nun austauschen, über ihre positiven wie negativen Erlebnisse in der Arbeitswelt sprechen, sowie gemeinsame Wege und Strategien entwickeln. Wie schon im Bereich des Arbeitstrainings geht es

auch in den Tagesseminaren um praktisch orientiertes Lernen und Handeln. Unterstützt und gecoacht werden die jungen Menschen hierbei von zwei TrainerInnen, die sich in den letzten Jahren auf diese Art Schulung spezialisiert haben.
Als Partnerunternehmen werden Sie frühzeitig über die Tagesseminare, die in einem regelmäßigen Rhythmus stattfinden, unterrichtet. Vor den Schulungen wird einer der Trainer Sie kurz befragen, ob es von Ihrer Seite aus ein Thema / ein Problem gibt, welches Sie gerne bearbeitet haben möchten.
Übrigens: Sie können sicher sein, dass es während der Tagesseminare immer genügend Raum für aktuelle Themen gibt.
Neben der gemeinsamen Arbeit wird bei den Tagesseminaren mittags dann auch gemeinsam gegessen. Da wir als Seminarort zumeist eine Jugendherberge wählen, sind der Service und die Verkehrsanbindung zumeist (fast) perfekt!

Weitere Unterstützungsangebote

Neben dem Arbeitstraining und den flankierenden Schulungen unterstützen wir unsere jungen MitarbeiterInnen auch in persönlichen Fragen.
In die Welt der Erwachsenen hinein zu wachsen, stellt junge Menschen oft vor viele Fragen und Probleme. Hinzu kommt, dass junge Menschen mit kognitiven Einschränkungen im privaten Leben eher vereinsamt sind.
Da das Leben aber nicht nur aus Arbeit besteht, haben wir es uns zur Aufgabe gemacht, den jungen Menschen mit Behinderungen -neben der sozialen Begleitung- auch im privaten Bereich ein Freizeitangebot aufzubauen.

Gemeinsam mit anderen Akteuren der sozialen Arbeit bieten wir in Köln seit mehreren Jahren einen samstägigen Freizeittreff für junge Menschen mit Behinderung an. Hier können sie z.B. erste Kontakte zu Anbietern von betreuten Wohnformen aufnehmen. Darüber hinaus unter-

stützen wir im kleineren Umfang Urlaubs- und Wochenendfahrten.
Auch wenn diese Freizeitaktivitäten auf den ersten Blick nicht viel mit der Arbeitswelt zu tun haben, zeigt sich doch in der Arbeit recht schnell: Der Mitarbeiter kommt montags zumeist gut gestimmt zur Arbeit!

Die Weiterbeschäftigung nach der betrieblichen Qualifizierung

Ziel des betrieblichen Lernens ist die sich anschließende Beschäftigung in Ihrem Unternehmen. Schon während dieses Qualifizierungsprozesses überlegen wir gemeinsam mit Ihnen, ob Sie während der Beschäftigung noch unsere Unterstützung benötigen werden.
Diese weiterführende Unterstützung durch uns als Integrationsunternehmen kann nicht jedem jungen Menschen mit anerkannter Behinderung

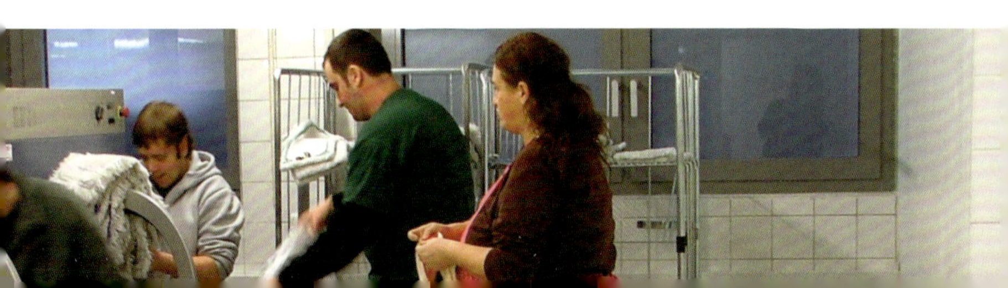

angeboten werden. Gesetzlich geregelt durch das Sozialgesetzbuch IX und kontrolliert wie auch umgesetzt durch das jeweils zuständige Integrationsamt handelt es sich um ein besonderes Angebot für Menschen, die aufgrund der Schwere ihrer Behinderung diesen Unterstützungsrahmen benötigen.

Dass ein solches weiterführendes Unterstützungsangebot nicht mehr wirklich erforderlich ist, werden Sie eventuell im Laufe des ersten Lernschrittes, der betrieblichen Einstiegsqualifizierung, besonders aber in der Abschlussphase der Qualifizierung selbst erlebt haben: Das Unterstützungsangebot des mobilen Arbeitstrainings ist für Sie, Ihre MitarbeiterInnen und den jungen Menschen selbst immer entbehrlicher geworden. Somit werden wir uns mit Abschluss des betrieblichen Lernens als *Füngeling Router* aus der aktiven Arbeit in Ihrem Unternehmen erst einmal verabschieden – sagen wir, vielleicht bis zum nächsten gemeinsamen Fall?!

Die kooperative Beschäftigung – Der Vorteil der zwei Arbeitgeber

Das Ziel der sozialversicherungspflichtigen Beschäftigung bedeutet nicht bei jedem jungen Menschen, dass damit auch das mobile Arbeitstraining und das flankierende Unterstützungsangebot zu Ende gehen. Im Bereich des ´***Betreutes Arbeiten in Unternehmen***` wissen Sie schon mit dem Start der betrieblichen Qualifizierung, dass Sie unser Coaching- und Unterstüt-

zungsangebot auch während der sich nun anschließenden Beschäftigung dauerhaft in Anspruch nehmen können.
Ganz ähnlich gestaltet sich das auch bei MitarbeiterInnen, die zwar die Leistungsfähigkeit für eine sozialversicherungspflichtige Beschäftigung entwickelt haben, die aber darüber hinaus behinderungsbedingt zumindest mittelfristig auch weiterhin den verlässlichen Coaching- und Unterstützungsrahmen eines Integrationsunternehmens benötigen werden.

In diesen Fällen werden wir schon im Laufe der betrieblichen Lernens sowohl mit Ihnen, dem jungen Menschen und seiner Familie ausreichend über das weiterführende Unterstützungsangebot der integrativen Arbeitnehmerüberlas-

sung sprechen und die Möglichkeit der kooperativen Beschäftigung ins Auge fassen. Die hierfür erforderlichen Schritte der Abstimmung mit dem zuständigen Integrationsamt werden natürlich von *Füngeling Router* übernommen und durchgeführt.

Kooperative Beschäftigung über die integrative Arbeitnehmerüberlassung – was bitte heißt das?

Als gemeinnützig anerkanntes Integrationsunternehmen hat sich *Füngeling Router* der beruflichen Integration junger Menschen mit (Schwer-)Behinderung verpflichtet, die einen besonderen Unterstützungsbedarf benötigen.

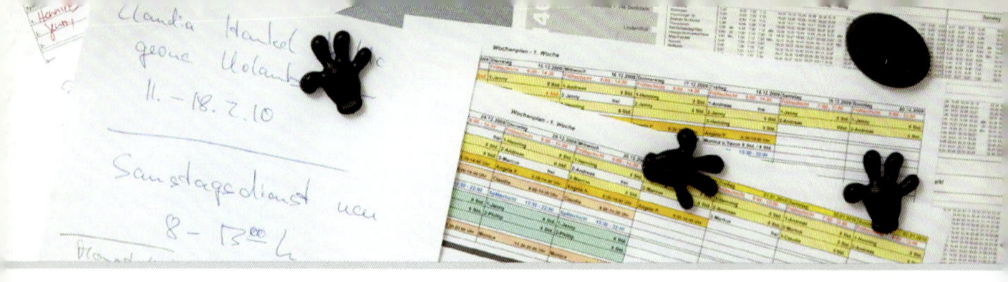

Als ein etwas anderer Personaldienstleister machen wir das nahezu ausschließlich in Wirtschaftsunternehmen. Um hierfür auf einer gesetzlich und vertragsrechtlich gesicherten Basis aufbauen zu können, haben wir uns alle hierfür erforderlichen gesetzlichen wie auch vertragrechtlichen Grundlagen aus der kommerziellen Arbeitnehmerüberlassung entliehen und diese unseren Kriterien angepasst.

Anders als in der kommerziellen Arbeitnehmerüberlassung geht es bei uns nicht um die Bewältigung oder den Abbau von Arbeitsspitzen. Es geht auch nicht um den austauschbaren Einsatz verschiedener MitarbeiterInnen in verschiedenen Wirtschaftsunternehmen.

In der integrativen Arbeitnehmerüberlassung geht es ***immer*** um die langfristige Beschäftigung eines bestimmten Mitarbeiters / einer bestimmten Mitarbeiterin in einem bestimmten Unternehmen.

Als Integrationsunternehmen übernehmen wir in dem Dreiecksverhältnis

Arbeitnehmerüberlasser - Wirtschaftsunternehmen

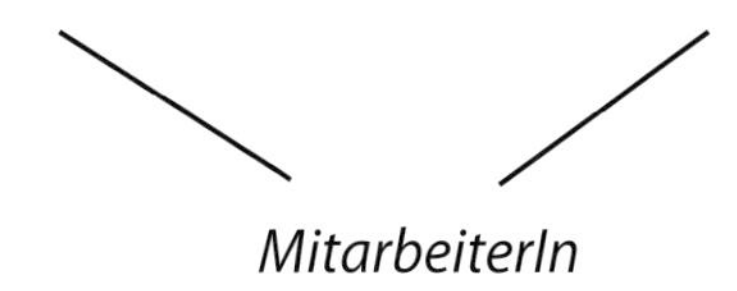

die Rolle des Arbeitgebers und nutzen die ermittelten Helfertätigkeiten in den Unternehmen für den nachhaltigen Einsatz unserer MitarbeiterInnen mit Behinderung. Mittlerweile haben wir mit fast allen Partnerunternehmen im Rahmen der integrativen Arbeitnehmerüberlassung unbefristete Verträge!

Der Unternehmerverbund als neuer ‚Lern-Wander-Weg'

Mittlerweile gibt es in vielen regionalen Wirtschaftsunternehmen mit Hilfe des ***RouterPrinzip***

immer mehr integrative Arbeitsplätze – Tendenz steigend!

Als wir 2003 über mögliche innovative Strukturen eines neuen Integrationsunternehmens nachdachten, spiegelten uns die durch Köln reisenden Zimmerleute:

Reisen bildet - auch im beruflichen Kontext!

Dies übertrugen wir auf die Bedürfnisse und Erfordernisse junger Menschen mit kognitiven Einschränkungen, denen leider die Möglichkeiten und die Entscheidungskraft reisender Zimmerleute zumeist verwehrt bleiben.

Und wieder ergab sich für uns ein weiterer großer Pluspunkt für die von uns ins Auge gefasste integrative Arbeitnehmerüberlassung:
Unsere Vision war, dass mit Hilfe dieses Beschäftigungskonstruktes junge Menschen innerhalb eines Unternehmerverbundes lernend auf die Wanderschaft gehen können, ohne dass es zwischendurch zu der Kündigung eines Arbeitsverhältnisses kommen müsste. Im Rahmen einer integrativen Arbeitnehmerüberlassung mit *Füngeling Router* als Arbeitgeber sollte das eigentlich kein Problem werden.
Heute können wir sagen: Perfekt, dieser Weg funktioniert und hat schon einigen unserer MitarbeiterInnen geholfen, ihre beruflichen Wünsche weiter zu entwickeln und verschiedenste Arbeitsbereiche kennen zu lernen – mittlerweile auch überregional!
Sie sehen, wir versuchen mit dem ***RouterPrinzip*** wichtige Rahmenbedingungen für erfolgreiches Lernen, die betriebliche Qualifizierung und Beschäftigung von jungen Menschen mit Behinde-

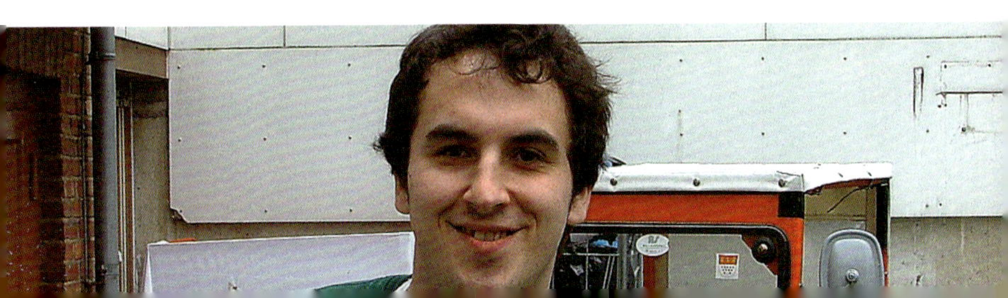

rung in Wirtschaftsunternehmen zu entwickeln und bereitzuhalten.
Doch das ist nur mit Ihnen als Unternehmer möglich. Sie sind das wirtschaftliche Drehkreuz und der soziale Mehrwert – auch – für diese Zielgruppe.

Sicher ist aber bereits heute, dass Sie vielleicht schon morgen sagen werden: „ ... genau der Punkt oder diese Möglichkeit fehlt noch im ***RouterPrinzip***!"

Das ist kein Problem, dann schreiben wir eben übermorgen ein neues Buch!

Das ***RouterPrinzip*** greift bereits in folgenden Branchen:

- Gartenbau
- Einzelhandel
- Gastronomie
- Kindergärten
- Krankenhäuser
- Seniorenheime
- Industrielle Fertigung
- Reinigungsunternehmen
- Beherbungs- und Gastronomiebereich
- Verpackungs- und Entsorgungsunternehmen

Thomas Geduhn

Das RouterPrinzip

Das kleine 1x1 des Berufseinstiegs
für junge Menschen mit Behinderung

Das Buch für Jugendliche

Impressum

Füngeling Router e.V. (Hg.)
Thomas Geduhn (Autor)
Das RouterPrinzip - Das kleine 1x1 des Berufseinstiegs
für junge Menschen mit Behinderung

Layout: Norbert Golluch
Umschlag: Norbert Golluch
Fotos Innenteil: Christian Manz, Thomas Geduhn
Druck: LV.Druck, Münster

ISBN 10: 3-00-030144-5
ISBN 13: 978-3-00-030144-5

2. Auflage 2011

www.projekt-router.de

Inhalt

Allgemeines zum RouterPrinzip

Eigentlich ist es wie in ganz vielen Situationen. Du denkst, du hast viel Zeit und die Schule oder der Bildungslehrgang sind noch lange nicht vorbei. Und dann: ZACK – auf einmal sollst du entscheiden, welcher dein Traumjob ist, wie du arbeiten möchtest und vor allem wo und in welchem Unternehmen du arbeiten willst.

Eine Menge Fragen: Und wo bitte ist nun der Ein- bzw. Ausgang? Die Erfahrung zeigt, dass für die meisten jungen Menschen der Einstieg in die Berufswelt schwierig ist. Für junge Menschen, die eine Förderschule besucht haben, ist dieser Einstieg aber noch einmal ganz anders. Man kann sich das wie eine ziemlich steile Bergwand vorstellen, auf der sich ganz oben auch noch eine glatte Eisschicht befindet.

Wo bitte finde ich jetzt reißfeste Sicherungsseile, Karabiner, Haken oder noch besser: den richtigen Bergführer?

Karabiner = ein besonderer Haken beim Bergsteigen

Das ***RouterPrinzip*** möchte im Grunde nur das:

1. Einem jungen Menschen, der gerne arbeiten möchte, den Berufseinstieg in ein Partnerunternehmen ermöglichen.
2. Und dass dieses Unternehmen dem jungen Menschen entweder Arbeit oder eine Ausbildungsstelle bietet.

Mit diesem Buch laden wir dich ein, gemeinsam mit uns diese ***Router Wege*** zu erkunden. Vielleicht ist es ja ein Weg, der dir nicht nur hilft, sondern dich sogar begeistern kann. Und auf diesem Weg lernst du all das, was du für deine spätere Berufstätigkeit benötigst.
Keine Angst, wir haben die nötigen Sicherungsseile und in schwierigen Situationen auch die richtigen Bergführer!

Ich möchte eine Arbeit finden, aber wie mache ich das?

Es gibt Menschen, die zur Schule gehen, ihre Ausbildung machen und dann ihren Beruf finden. Das ist klasse und so etwas wünscht man jedem jungen Menschen. Daneben gibt es aber auch junge Menschen, deren Weg nicht so ganz einfach ist. Das sind Menschen, denen die Schule und das Lernen im Unterricht schwer fällt. Zwar möchten sie gerne lernen, aber schreiben und

rechnen fällt ihnen schwer. Wir finden, dass diese Menschen eine andere Art der Unterstützung bekommen sollten. Denn auch für sie gibt es Wege in den Beruf. Ein solches Unterstützungsangebot ist das ***RouterPrinzip***.

Mit dem ***RouterPrinzip*** bekommen junge Menschen Arbeitstrainer oder Arbeitstrainerinnen zur Seite gestellt, die mit ihnen gemeinsam ihre berufliche Zukunft aufbauen. Wenn bei Lernschwierigkeiten eine Unterstützung nötig wird, dann helfen dir die Trainer ganz konkret – also genau da, wo du es brauchst.

konkret = wirklich, tatsächlich, genau richtig

Bevor du nun weiter liest, solltest du dich fragen, ob du ein solches Angebot für deine berufliche Zukunft benötigst. Unser Angebot steht nämlich nicht jedem zur Verfügung!

Warum? Du kannst dir vorstellen, dass eine solche Unterstützung Geld kostet. Außerdem gibt es Jugendliche, die ziemlich bequem sind und gerne unterstützt werden wollen. Und zwar immer, etwa so wie im „Hotel Mama“. Das wollen wir aber nicht! Wir möchten nur junge Menschen

unterstützen, die z.B. aufgrund ihrer Lernprobleme alleine ihren Berufsweg nicht schaffen können.
Bevor wir uns nun also eingehend mit der Frage beschäftigen, wie du mit Hilfe des ***RouterPrinzip*** an einen guten Beruf kommst, müssen wir erst einmal prüfen, ob du persönlich die Voraussetzungen hierfür mitbringst.
Es stellt sich also erst einmal die Frage, darfst du das Angebot überhaupt nutzen?
Um diese Frage beantworten zu können, solltest du dich in einem ersten Schritt mit folgenden Themen auseinandersetzen:

1. Was brauchst du an Unterstützung, um einen guten Beruf zu bekommen?
2. Warum benötigst du mehr Unterstützung als andere junge Menschen?

Sich diese beiden Fragen zu stellen, ist schon sehr mutig. Und gleichzeitig tut es bestimmt etwas weh!

Wer redet schon gerne davon, dass er Schulprobleme hat, vielleicht keinen Schulabschluss schafft, eine Förderschule besucht hat? Außerdem, wer redet schon freiwillig darüber, dass er nach der Schule an besonderen Qualifizierungsmaßnahmen für junge Menschen mit Behinderung teilnehmen wird oder daran gerade teilnimmt.

Qualifizierungsmaßnahmen = Lernhilfen für das Berufsleben

Weil keiner darüber reden will, werden die wirklich tollen Chancen dieser besonderen Unterstützungswege leider oft nicht genutzt.
Das finden wir sehr schade! Genau an diesem Punkt möchten wir dir gerne ein Sicherungsseil zuwerfen und dir damit den Mut geben, dich diesen Fragen zu stellen.
Damit du deine Zukunft auf festem Boden aufbauen kannst, ist die Frage, wo deine Einschränkungen oder Behinderungen liegen, ganz wichtig!

Du denkst jetzt vielleicht: fängt ja schon gut an! Möglicherweise denkst du auch: Was wollen die eigentlich, spinnen die!
In dem Punkt, dass wir wirklich etwas spinnen, kann man dir wohl nur Recht geben – das ***RouterPrinzip*** würde es sonst nicht geben! Und eigentlich spinnen wir wirklich: Wir spinnen die Netze zwischen jungen Menschen mit Behinderung und Wirtschaftsunternehmen.
Und damit sind wir an einem weiteren wichtigen Punkt. Deine Zukunft kann sich nur entwickeln, wenn du es schaffst, dir jetzt auch noch deine Stärken anzuschauen!
Alles in allem wirst du dich jetzt erst einmal auf einen steinigen und steilen Weg begeben.

Fangen wir also zunächst bei dem unschönen Thema deiner Schwächen an, und lass uns dann zu dem schöneren Thema deiner Stärken übergehen!

Ist eine Behinderung wirklich so schlimm?

Wir von *Füngeling Router* sagen ganz deutlich: ***Nein***! So wie viele Menschen besondere Stärken haben, haben auch viele Menschen eine besondere Schwäche. Das kann zum Beispiel auch eine Behinderung sein.

Aber was ist eine Behinderung eigentlich? Eine Behinderung kann verschiedene Ursachen haben, die wir hier kurz anreißen möchten:

Die kognitive Behinderung heißt, ich habe große Probleme beim Lernen, kann vielleicht nur eingeschränkt oder gar nicht lesen, schreiben und rechnen. Schwierige Gespräche und Texte kann ich nur teilweise verstehen. Oft weiß ich nicht, was die anderen eigentlich von mir verlangen. Auch vergesse ich schnell Aufträge, die mir andere geben.

Die körperliche Behinderung heißt, ich habe starke körperliche Probleme, und ich kann viele Dinge nur mit Mühe oder gar nicht machen. Vielleicht kann ich meine Arme oder meine Beine nicht wie andere bewegen. Manchmal ist es auch so, dass ich ohne spezielle Hilfsmittel nicht zu recht komme. Außerdem brauche ich auch oft mehr Zeit als andere.

Die seelische Behinderung heißt, ich kann vieles gefühlsmäßig nicht gut verkraften. In mir herrscht vielleicht auch oft ein großes Chaos. Bei Stress oder in Angstsituationen verliere ich meinen inneren Halt, bekomme große Ängste und brauche dann häufig Hilfe. Manchmal ist es so, dass ich in mir Gefühle oder Bilder habe, vielleicht sogar etwas erlebe, was andere nicht verstehen und sehen können. Neue Situationen stellen mich manchmal vor fast unlösbare Aufgaben.

Sinnesbehinderung - die bekanntesten Sinnesbehinderungen sind Schwerhörigkeit oder Gehörlosigkeit und Sehbehinderung oder Blindheit. Eine solche Behinderung kann mein Leben und meine beruflichen Einsatzmöglichkeiten stark einschränken. Dann brauche ich dringend die Unterstützung eines anderen Menschen oder technische Hilfsmittel. In vielen Situationen benötige ich für mein Handeln oft mehr Zeit als andere.

Weitere Behinderungsformen - verschiedene Krankheiten wie eine Krebserkrankung, Zuckerkrankheit oder andere schwere Erkrankungen können der Grund einer Behinderung sein. Diese Behinderungen können andere Menschen nicht so einfach erkennen. Das finde ich ja eigentlich gut, aber oft bekomme ich Ärger, weil manches dann doch nicht so gut funktioniert. Ich muss dann aufpassen, dass mein Alltag nicht zu hektisch wird.

Keiner setzt sich gerne mit seinen Schwachstellen auseinander! Aber, wenn du es erst einmal gemacht hast, wirst du merken, dass es halb so wild ist! Menschen, die ihre Behinderungen zwar doof finden, sie aber nicht mehr verstecken wollen, können dann endlich die vom Staat bereitgestellten Hilfen in Anspruch nehmen. Wenn du dir zum Beispiel deine Behinderung als schwere Einschränkung anerkennen lässt, bekommst du eine Unterstützung, von der viele andere junge Menschen nur träumen können. Und was ganz wichtig bei all dem ist, du wirst dich viel besser auf deine Stärken konzentrieren können!
Das heißt, jetzt kannst du dich mit deinen Stärken und Möglichkeiten beschäftigen. Jeder Mensch hat Stärken! Genau so, wie viele Menschen auch eine Behinderung haben.
Hierfür ist es aber gut, wenn du noch etwas mehr über uns und das ***RouterPrinzip*** erfährst.

Wie erreichst du die Anerkennung deiner Behinderung?

Du stellst bei deinem zuständigen Bezirksamt einen Antrag auf Anerkennung deiner Schwerbehinderung. Bei diesem Antrag wirst du aller Voraussicht nach Hilfe benötigen, denn Anträge sind nicht immer leicht verständlich.

Wer kann dir dabei helfen: Vertrauenspersonen wie deine Eltern, erwachsene Freunde, LehrerInnen oder Verwandte. Wenn du gerade an einer berufsvorbereitenden Maßnahme teilnimmst, kannst du dort die Hilfe der PädagogInnen erfragen. Auch kannst du deine Berufsberaterin / deinen Berufsberater der Arbeitsagentur fragen. Sie werden dir bestimmt sagen können, wer dir dabei helfen kann.

Warum gibt es das RouterPrinzip?

Ganz einfach: Weil wir uns seit vielen Jahren mit den Problemen junger Menschen mit kognitiver Beeinträchtigung beschäftigen, und weil uns regionale Wirtschaftsunternehmen immer wieder gefragt haben, ob wir *gemeinsam* solche Menschen zu ‚Profis für wiederkehrende Arbeiten' ausbilden können.

integrieren bedeutet etwa: etwas oder jemanden einordnen, in das Ganze einbeziehen

So arbeiten wir nun seit Mai 2004 als anerkanntes Integrationsunternehmen unter dem Namen *Füngeling Router* und setzen das ***RouterPrinzip*** in vielen Wirtschaftsunternehmen sehr erfolgreich ein.

Unser Coaching- und Schulungsteam unterstützt junge Menschen mit Behinderung, die ja oft noch am Anfang ihrer beruflichen Laufbahn stehen und auf ihrem Weg in die Beschäftigung eine besondere und auf sie abgestimmte Unterstützung benötigen.

Der Aufbau eines Routers

Aus unserer langjährigen Erfahrung wissen wir, dass der Einstieg in das Berufsleben vielen jungen Menschen nicht leicht fällt. Die Lernzeit kann in einem Wirtschaftsunternehmen oft mehrere Jahre dauern. Aus diesen Gründen ist unser Angebot sehr vielfältig, wie dir das Schaubild zeigt:

Unterstützte Beschäftigung in Unternehmen

WfbM	Betreutes Arbeiten WfbM-Lern-bereich	Betreutes Arbeiten WfbM-Berufs-bereich	Qualifizierung im Betrieb	Regulärer Job integrative Arbeitnehmer-Überlassung	Arbeitsmarkt

Unterstützungsbedarf — Produktivität

**Wichtig und ehrlich gemeint ist uns folgender Satz:
Erst glückliche und zufriedene Menschen werden wirklich gute MitarbeiterInnen!
Aus diesem Grund unterstützen wir unsere neuen MitarbeiterInnen bei Bedarf auch nach dem Feierabend und bei eher privaten Fragen.**

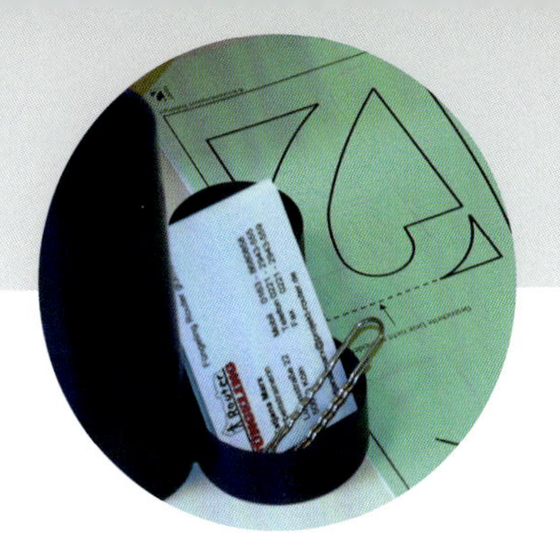

Das RouterPrinzip

Anhand des Schaubildes wird schnell deutlich, dass mit dem ***RouterPrinzip*** viele junge Menschen eine echte Chance haben, ***ihren*** individuellen beruflichen Einstiegsweg zu finden.
Hierbei ist der Grad deiner behinderungsbedingten Einschränkung erst einmal nicht so wichtig. Wichtig ist aber, dass du offen über deine Behinderung reden kannst und ein Gefühl für deine Stärken und Schwächen entwickeln lernst.

Für den erfolgreichen Einstieg in das Arbeitsleben sind vielmehr folgende Faktoren wichtig:

- Zuverlässigkeit und Pünktlichkeit müssen stimmen.
- Du musst Ausdauer und Zähigkeit mitbringen.
- Du musst eine hohe Arbeitsmotivation entwickeln.
- Und du musst den Mut besitzen, dich in ein neues System einzubringen!

Motivation bedeutet in etwa *Bereitschaft*

System bedeutet hier etwa *Arbeitsbereich, Umfeld*

Wenn du diese Arbeitstugenden entwickeln kannst, dann stehst du bereits auf einem festen Fundament deiner beruflichen Laufbahn. Darauf kannst du deinen Berufsweg immer weiter aufbauen.
Aber wie sehen nun die ersten Lernschritte und der für dich richtige Weg aus?
Wenn du aufgrund deiner Lernbeeinträchtigung nur ganz wenig schreiben und rechnen kannst, wenn du Texte liest, sie aber nicht richtig verstehst, wäre es falsch, mit einer Ausbildung starten zu wollen. Das hätte bestimmt wenig Zukunft. Richtiger wäre dann eine so genannte Einstiegsqualifizierung in eine Helfertätigkeit. Einstiegsqualifizierung ist ein Fachbegriff. Er bedeutet, dass du deine ersten beruflichen Fähigkeiten erst einmal erlernen musst.

Um eine noch intensivere Betreuung zu bekommen, bietet sich für manche Menschen so genanntes ***Betreutes Arbeiten in Unternehmen*** an. Hierfür ist der Einstieg über eine Werkstatt für

Menschen mit Behinderung (WfbM) sinnvoll.
Puh, wer kann einem bei solch' schwierigen Fragen helfen? Wer hat hier die nötige Ahnung und wer kann solche Qualifizierungswege eigentlich entscheiden?

Eine/r deiner wichtigsten PartnerInnen ist deine Berufsberaterin / dein Berufsberater der Arbeitsagentur deines Heimatortes!!!
Erst gemeinsam mit deiner Berufsberaterin / deinem Berufsberater kannst du eine wirklich gute Zukunftsperspektive entwickeln.
Eine Berufsqualifizierung kostet viel Geld! Die Kosten werden zumeist von der Arbeitsagentur getragen! Deswegen überlegt deine Berufsberaterin / dein Berufsberater gemeinsam mit dir, welcher Qualifizierungsweg der richtige sein wird.

Der Einstieg in die Arbeitswelt

Wie du in unserem Schaubild auf Seite 17 schon gesehen hast, unterstützen wir mit dem ***Router-Prinzip*** junge Menschen in verschiedenen Bereichen des Berufseinstiegs. Gestartet sind wir als *Füngeling Router* mit dem Bereich der betrieblichen Einstiegsqualifizierungen für Anlerntätigkeiten. Es stellte sich aber schnell heraus, dass wir unser Unterstützungsangebot beim Einstieg in die Arbeitswelt dringend erweitern müssen. Nicht wenige BerufseinsteigerInnen kommen wegen ihrer Behinderung mit den hohen Anforderungen der Anlerntätigkeiten noch nicht zu-

recht - möglicherweise auch nie. Dennoch ist es ihr größter Wunsch, in einem Wirtschaftsunternehmen arbeiten zu können. Gemeinsam mit den Kölner Werkstätten für Menschen mit Behinderung (kurz: WfbM) konnten wir für BerufseinsteigerInnen neue Möglichkeiten entwickeln. Und dann gibt es natürlich auch noch die jungen Menschen mit Behinderung, die eine abgespeckte Berufsausbildung direkt in einem Unternehmen machen möchten und gewiss auch schaffen können!

Heute unterstützen, trainieren oder begleiten wir junge Menschen, die

- über die betriebliche Einstiegsqualifizierung in Anlerntätigkeiten hineinwachsen,
- mit dem Unterstützungsrahmen einer Werkstatt für Menschen mit Behinderung (WfbM) einen Lern- und Arbeitsplatz im Betrieb finden,
- in Partnerunternehmen eine Ausbildung machen.

Zwar sind die Ansprüche in den einzelnen Einstiegsbereichen unterschiedlich.
Doch in einem Punkt sind unsere Ansprüche an jeden einzelnen jungen Menschen dieselben: Alle NeueinsteigerInnen müssen sich in einem Wirtschaftsunternehmen zurechtfinden und sich den allgemeinen Bedingungen in der Arbeitswelt anpassen können.

Die Bewerbungsunterlagen

Auch bei *Füngeling Router* gibt es ein ordentliches Bewerbungsverfahren. Warum? Wir wollen ziemlich schnell wissen, wie wichtig dir der Einstieg in das Berufsleben ist. Ohne deinen Willen und deinen Fleiß geht nämlich gar nichts.
„Die Konkurrenz schläft nie." Und das ist nicht nur in der Liebe so. Auch im Berufsleben wirst du auf viel Konkurrenz stoßen! Aus diesem Grunde solltest du dir einige Gedanken machen, wenn du deine Bewerbungsunterlagen zusammenstellst.

Da das gar nicht einfach ist, solltest du dir ruhig Unterstützung bei einer Vertrauensperson holen, die sich damit schon auskennt. Stell dir vor, du bist verliebt und schreibst deiner großen Liebe einen ersten Brief oder eine erste Mail! Dafür wirst du dir bestimmt viel Zeit nehmen, weil dein Schreiben ja Eindruck machen soll. Du möchtest ja schließlich, dass deutlich wird, wie einmalig du bist. Und bestimmt möchtest du, dass „eure gemeinsame Geschichte" nun endlich anfängt oder gut weitergeht.
Ganz ähnlich ist dies auch mit den Bewerbungsunterlagen. Allerdings musst du dort auf andere Punkte achten als in deinem Liebesleben.

Ein beliebtes, aber auch abschreckendes Beispiel:
Das Anschreiben hat Eselsohren, auf dem Lebenslauf sind Kaffeeflecken ...
Da fragt sich doch direkt jeder, wie wird das erst, wenn die Arbeit ordentlich gemacht werden muss?

Sei möglichst immer ehrlich! Wenn du nicht gut schreiben kannst und dies ein anderer für dich übernimmt, wäre es klasse, wenn du dann im Bewerbungsgespräch darüber reden könntest! Dann weiß der Unternehmer direkt auch, dass schreiben nicht zu deinen Aufgaben gehören sollte. Und eins ist sicher, dein Mut zur Ehrlichkeit wird viele beeindrucken!
Mach dir die Mühe und überlege genau, was du gerne arbeiten möchtest und welche Stärken du hast. Du glaubst nicht, wie viele Erwachsene sich diese Fragen noch nicht wirklich gestellt haben!

Wenn du mit unserer Unterstützung in die Arbeit einsteigen möchtest, solltest du ehrlich sagen, was du kannst und was nicht. Für uns bei *Füngeling Router* sind behinderungsbedingte Einschränkungen völlig normal. Denn wir unterstützen ausschließlich Menschen mit Behinderung, andere wollen und dürfen wir nicht unterstützen.

Deine Bewerbungsunterlagen müssen nicht in eine teure Mappe, die du dir finanziell vielleicht gar nicht erlauben kannst! Wichtig ist, dass die Mappe sauber und vollständig ist.
Auch musst du darauf achten, dass deine Blätter keine Eselsohren und Flecken haben.
Sofern du hast, lege deiner Bewerbung eine Kopie aller Beurteilungen / Einschätzungen bei, die du bisher sammeln konntest. Diese können sein:
Beurteilungen / Einschätzungen von LehrerInnen
Beurteilungen / Einschätzungen von Praktikumsbetrieben
Beurteilungen / Einschätzungen von besonderen Seminaren
Beurteilungen / Einschätzungen von Freizeitaktivitäten aus Sport, Politik, ehrenamtliche oder sonstige Gruppenaktivitäten usw.
Wenn du schon die Anerkennung einer Schwerbehinderung hast, lege die Kopie deines Behindertenausweises oder deines Bescheides dazu.

Frage:
Weißt du eigentlich, dass Unternehmen, die mehr als 20 MitarbeiterInnen beschäftigen, verpflichtet sind, auch Arbeitsplätze für MitarbeiterInnen mit Schwerbehinderung anzubieten?

Wenn ein Unternehmer erkennt, dass die Bewerbung und der Arbeitswille eines jungen Menschen mit Schwerbehinderung gut sind, lösen sich für ihn direkt zwei Probleme:
Das Unternehmen hat endlich einen motivierten Mitarbeiter und erfüllt gleichzeitig seine Verpflichtung, auch Menschen mit einer Schwerbehinderung eine berufliche Chance zu geben.
So etwas nennt man eine perfekte Lösung!

Das Bewerbungsgespräch

Wenn wir deine Bewerbungsunterlagen haben, werden wir dich zu einem ersten Bewerbungsgespräch einladen. Dies wird für dich bestimmt aufregend sein. Und vielleicht weißt du noch nicht so wirklich, was dich bei uns erwartet.
Wenn du magst, kannst du zur Unterstützung gerne eine Vertrauensperson mitbringen. Dies können sein: deine Mutter, dein Vater, eine Tante, ein Betreuer, eine Lehrerin ...
Es sollte auf jeden Fall eine Person sein, die deine Stärken und Schwächen kennt und mit der du über alles sprechen kannst.
Ganz wichtig ist: Weder deine Mutter, dein Vater, deine Lehrerin, auch nicht deine Tante, sondern **Du** willst eine Arbeitsstelle haben! Und das bedeutet, dass **Du** in erster Linie zu Wort kommen sollst und nicht der Mensch, der dich begleitet.
Im ersten Bewerbungsgespräch wollen wir erst einmal erfahren, was für ein Mensch du bist, wo deine Interessen und Stärken liegen, was deine

Einschränkungen sind und vor allem was dein ´Berufstraum` ist.
Nach dem ersten Gespräch werden bestimmt noch weitere Gespräche folgen. Die richtige Arbeits- bzw. Lernstelle zu finden, ist nicht immer so einfach! Manchmal benötigen wir Zeit, um den richtigen Einstieg zu finden. Wir müssen ja auch erst einmal sehen, welche Möglichkeiten es speziell für dich gibt.
Spätestens an diesem Punkt wird deine Berufsberaterin oder dein Berufsberater der Arbeitsagentur wieder ganz wichtig! Denn soviel ist klar: Ohne Berufsberatung sind viele Qualifizierungswege nur schwer erreichbar.
Während der ersten Gespräche mit uns lernst du auch direkt deine zukünftige Arbeitstrainerin bzw. deinen zukünftigen Arbeitstrainer kennen. Solange wir mit dir zusammenarbeiten, wird diese Arbeitstrainerin bzw. dieser Arbeitstrainer dich trainieren und begleiten. So lernst du sozusagen schon einmal deinen Bergführer oder deine Bergführerin kennen.

Lass den Kontakt zu den Leuten von der Berufsberatung bei der Arbeitsagentur nicht abreißen!

Das gemeinsame Suchen nach der passenden Arbeitsstelle

Nachdem wir uns kennen gelernt haben und wir einen möglichen Einstiegsweg gefunden haben, geht es endlich richtig an die Arbeit. Das kann zum Beispiel so aussehen:

Du kennst ein Unternehmen, in dem du lernen und arbeiten möchtest. Vielleicht hat das Unternehmen ja auch schon Interesse an dir angekündigt. Doch vielleicht braucht das Unternehmen ähnlich wie du Unterstützung. Wir vereinbaren dann recht schnell einen Termin mit diesem Unternehmen und können mit dem betrieblichen Arbeitstraining loslegen!

Wir haben für dich einen Lern-Arbeitsplatz im Angebot.

Wie du ja mittlerweile gelesen hast, arbeiten wir sehr eng mit Wirtschaftsunternehmen zusammen. Das heißt, wir kennen den Bedarf an zuverlässigen Arbeitskräften im Helferbereich solcher Unternehmen. Außerdem arbeiten wir noch mit Firmen zusammen, die selbst Lehrlinge ausbilden. Auch in dem Fall werden wir schnell starten können.

Wir haben noch kein Unternehmen, das den passenden Arbeitsplatz für dich hat.

Dann begeben wir uns gemeinsam auf die Suche nach einem passenden Unternehmen für dich. Gemeinsam heißt, dass auch du dich auf die ´Socken machen` musst und z.B. mit Bekannten, Freunden, Verwandten, LehrerInnen über deine Berufswünsche und deine Suche nach einem Lern-Arbeitsplatz sprichst. Du wirst sehen, die meisten Leute werden über deine aktive Suche begeistert sein! Je mehr Menschen von deiner

Suche wissen, desto höher werden die Chancen sein, dass einer ein Unternehmen kennt, in dem du starten kannst!

Das passende Wirtschaftsunternehmen ist gefunden!

Wie schon gesagt: Manchmal gibt es ein Wirtschaftsunternehmen, das schon länger auf einen Bewerber wie dich wartet. Oder du kennst schon selber ein Unternehmen und wir bauen quasi nur die Brücke über das tiefe Tal. Vielleicht wird es etwas dauern – und dann brauchst du eine ganz wichtige Tugend: Geduld!!!
Wir wollen dich nicht schockieren, aber bei einer jungen Frau hat die Suche nach einem geeigneten Arbeitsplatz ein ganzes Jahr gedauert! Das war aber auch ein kniffliger Fall, da die junge Dame in Teilbereichen zwar hohe Fähigkeiten, aber anderseits auch ziemlich starke Einschrän-

kungen durch ihre Behinderung mit brachte. Jeder Mensch und jeder Fall ist eben anders. Heute können wir gemeinsam über den holprigen und sehr mühseligen Berganstieg lachen, weil sie mit ihrer Arbeit glücklich ist. Auf dem Weg dort hin flossen aber auch einige Tränen, und es gab auch Zeiten des Zweifels und der Aussichtslosigkeit! Der Einstieg in die Arbeitswelt ist eben auch anstrengend.

Das Vorstellungsgespräch

Wenn wir dann gemeinsam ein passendes Unternehmen für dich gefunden haben, geht es nun endlich ans Eingemachte! Es folgt das Vorstellungsgespräch im Unternehmen.
Deine Bewerbungsunterlagen hat das Unternehmen schon über uns bekommen. Auch ist es so, dass wir mit dem Unternehmen ähnlich zusammenarbeiten wie mit dir.
Dreh das Buch einfach mal um, dann kannst du sehen, wie wir mit den Wirtschaftsunternehmen zusammen arbeiten.
Mittlerweile hast du durch die verschiedenen Gespräche Erfahrungen sammeln können, und du bist im Gespräch sicherer geworden. Klar ist auch, dass wir gemeinsam mit dir in das Vorstellungsgespräch gehen werden.

Es gibt einen weiteren wirklich großen Vorteil: Du brauchst nämlich keine Angst zu haben, dass deine behinderungsbedingte Einschränkung für das Wirtschaftsunternehmen ein Problem werden wird. Du kannst dich also in diesem Gespräch ganz auf deine Stärken und Interessen konzentrieren.

In dem Bewerbungsgespräch werden wir gemeinsam mit dem Unternehmen einen betrieblichen Qualifizierungsplan für dich entwickeln und dann müssen wir nur noch überlegen, wann es losgehen kann. Als erster Schritt wird nun eine Hospitation erfolgen. Was das ist, erfährst du gleich auf der nächsten Seite.

Der erste Eindruck im Unternehmen entscheidet oft über die weitere Zukunft. Aus dem Grunde solltest du dich auch persönlich gut auf dieses Gespräch vorbereiten.

Einige Dinge sind ganz wichtig:
Ist meine Kleidung sauber und ordentlich?
Viele Chefs kriegen die Krise, wenn junge Männer mit Kappen zum Gespräch erscheinen.
Bin ich geduscht, rieche ich gut, sind meine Haare gewaschen, die Fingernägel und Ohren sauber?
Bevor du in das Gespräch gehst, schalte bitte dein Handy aus!
Und dann schau noch einmal in den Spiegel und lächele dich an!

Die Hospitation im Unternehmen

Da du oder das Unternehmen in einem Gespräch noch nicht wirklich erkennen könnt, ob ihr auch dauerhaft zueinander passt, steigen wir schnell in die praktische Erprobung ein. Du bekommst die Möglichkeit, für ein paar Stunden in dem Unternehmen

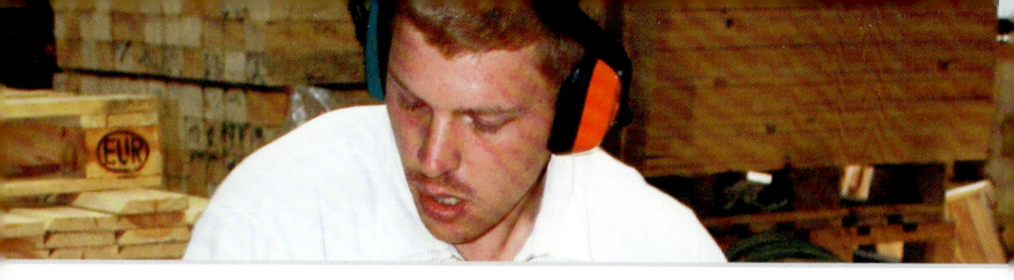

mitzuarbeiten. Hierbei wirst du begleitet und unterstützt von deiner Arbeitstrainerin bzw. deinem Arbeitstrainer. Gemeinsam mit deinem Arbeitstrainer lernst du das Unternehmen und deine zukünftigen Vorgesetzten und KollegInnen kennen. Falls erforderlich, wird er mit dir auch den Fahrweg zum Unternehmen einüben.
Wenn der Unternehmer während der Hospitation zu dem Ergebnis kommt, dass du in den Betrieb passt, gehen wir zum nächsten Schritt über – die Arbeitserprobung.
Und ab jetzt gilt: Das Ziel ist die angestrebte Beschäftigung. Das heißt, jetzt beginnt der Ernst der Arbeitswelt!

Die kooperative Qualifizierung

Füngeling Router ist ein Qualifizierungsunternehmen, das ausschließlich in den beteiligten Unternehmen tätig ist. Dein Lernraum wird immer im Partnerunternehmen sein. Eine Ausnahme sind unterstützende Schulungen und Arbeitsgemeinschaften, so genannte Seminare.
Unsere Aufgabe ist ganz klar: Wir wollen dich so qualifizieren, dass die Firma, in der du arbeitest, auch nach Abschluss der betrieblichen Qualifizierung nicht mehr auf dich verzichten möchte.

Kooperation = Zusammenarbeit

**Was du also ab jetzt nicht mehr vergessen solltest, ist Folgendes:
So wie dein Ziel ein Arbeitsverhältnis ist, so ist es das Ziel des Unternehmens, in dir eine/n verlässlichen Mitarbeiter/Mitarbeiterin aufzubauen.**

Vier Wochen Arbeitserprobung

Im ***RouterPrinzip*** steigen alle neuen MitarbeiterInnen mit einer Arbeitserprobung ein. Diese Arbeitserprobung ist sehr wichtig, da du in dieser Zeit testen kannst, ob du die Arbeit auch wirklich schaffst, ob es das ist, was du dir vorstellst. Ähnlich geht es übrigens auch dem Unternehmen. Auch das Unternehmen muss die Möglichkeit haben zu überprüfen, ob du den Arbeitsanforderungen gewachsen bist und ob du in das Team passt.

Während dieser ersten vier Wochen wirst du ganz eng von deinem Arbeitstrainer begleitet und unterstützt. Gemeinsam mit dem Unternehmen bringt er dir das Wichtigste über Arbeitssicherheit bei. Und natürlich arbeitet er mit dir an deinen Aufgaben und unterweist dich in der Handhabung von Maschinen und Geräten. So wie mit dir steht er gleichzeitig auch in engem Kontakt zu deinen Vorgesetzten und deinen KollegInnen. Seine Aufgabe ist es, daran mitzuwir-

ken, dass das Unternehmen und du gut zusammenwachsen. Wenn Probleme entstehen und dein Arbeitstrainer beobachtet, dass du noch nicht wirklich in das ausgewählte Unternehmen passt, werden wir gemeinsam mit dir überlegen, wie wir gemeinsam das Problem lösen. Vielleicht müssen wir auch nach einem anderen Arbeitsplatz für dich schauen.
Du siehst, es gibt viele Fragen, die geklärt werden müssen. Aber genau hierfür gibt es die vierwöchige Arbeitserprobung!

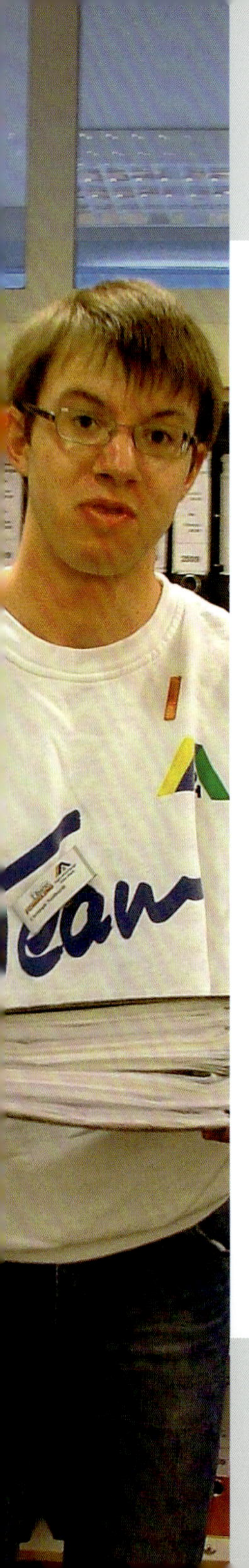

Was wird in den ersten vier Wochen auf dich zukommen?
Niemand wird von dir verlangen, dass du in deiner Arbeit schon perfekt bist. Dafür steigst du ja erst einmal in die Lernphase ein. Wichtig werden die Dinge sein, die ganz viel mit dir als Person zu tun haben. Ob du eine berufliche Chance in dem Unternehmen bekommen wirst, wird davon abhängen, ob du

- pünktlich zur Arbeit kommst und deine Pausenzeiten einhältst
- deine Arbeiten gerne machst und nicht nur ´rum stehst` und die Zeit verquatschst
- ehrlich bist und nicht an Dinge gehst, die dir nicht gehören
- dich an Absprachen hältst und fragst, wenn du etwas nicht verstanden hast und
- was alle besonders freut:
  wenn du gute Laune mit zur Arbeit bringst!

Viele junge Menschen glauben, dass sie ziemlich schnell die Arbeiten ihrer KollegInnen übernehmen können. Natürlich willst du auch gerne an den Maschinen arbeiten oder andere wichtige Arbeiten übernehmen. Sei dir schon jetzt sicher, dass wird bestimmt nicht deine erste Aufgabe werden! Weshalb?
Nun, weil der Umgang mit Maschinen erst erlernt werden muss! Maschinen kosten viel Geld. Du hast mit Sicherheit kein Interesse daran, dass wegen dir die Reparatur oder eine Neuanschaffung einer Maschine notwendig wird.
Egal wo du anfangen wirst, du wirst mit den ganz einfachen Arbeiten beginnen. Verantwortliche Arbeiten bekommt man erst im Laufe der Zeit. Das Unternehmen wird erst erproben, was du verantwortlich an Arbeiten übernehmen kannst!

Macht Arbeit eigentlich immer Spaß?

Willst du eine ehrliche Antwort?

Ja *und* **Nein.**

Spätestens dann, wenn du schon eine Zeit lang gearbeitet hast, wirst du die gleiche Erfahrung machen, wie sie schon viele andere vor dir gemacht haben.

Ja, weil Arbeiten Spaß macht. Du erlebst, dass du etwas schaffen kannst, du bist wichtig, und du verdienst endlich eigenes Geld.

Nein, weil die Arbeit sich wiederholt, eintönig sein kann und oft anstrengend ist. Du bist abends müde. Deine KollegInnen sind manchmal schlecht gelaunt, und du kriegst dann vielleicht auch noch ihren Ärger ab.

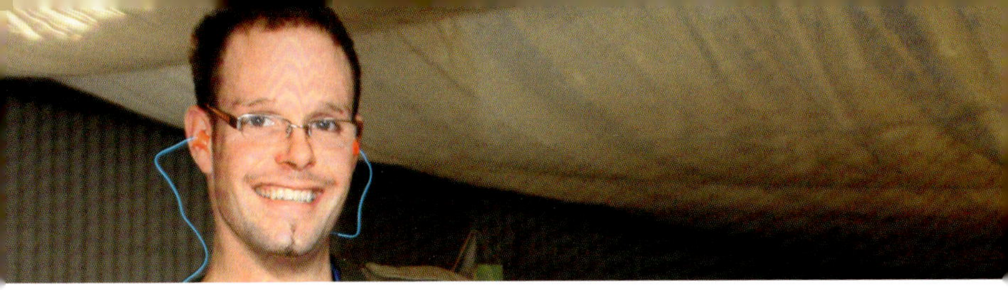

Arbeiten heißt an einer Sache zu bleiben! Das bedeutet, dass du dich an einem Arbeitstag eben nicht einfach stundenlang entspannen kannst. Manchmal musst du dich sogar durch unangenehme Schwierigkeiten durchbeißen.
Klasse? Wenn du das schaffst, bist du ein ganzes Stück erwachsener geworden.

An manchen Tagen möchtest du bestimmt alles hinschmeißen. Du wirst dich ungerecht behandelt fühlen. Du wirst auch bestimmt nicht verstehen, warum deine KollegInnen nicht darauf achten, dass dir die Arbeit vielleicht etwas schwerer fällt, dir vielleicht die Beine vom vielen Stehen weh tun.
Bevor du also verzweifelst und alles schmeißt, sprich mit einer Vertrauensperson über all die Probleme. Weine dich ruhig auch einmal richtig aus!

Das Arbeitstraining

Während du betrieblich lernst, wird das Arbeitstraining an deinem Arbeitsplatz einer der wichtigsten Bestandteile deiner Lernzeit werden. Dein Arbeitstrainer ist dafür verantwortlich, dass du all das lernst, was du für dein späteres Arbeitsleben in dem ausgewählten Wirtschaftsunternehmen benötigen wirst. Gemeinsam mit dem Unternehmen und dir wird er einen Lernplan mit den wichtigsten Lerninhalten erstellen.
Im Gegensatz zu einer Ausbildung wird der Schwerpunkt bei den Anlerntätigkeiten in der praktischen Arbeit liegen. Im Bereich ***Betreutes Arbeiten in Unternehmen*** werden dann wiederum kleinere Teilbereiche einer Helfertätigkeit im Vordergrund stehen.

Dein Arbeitstrainer wird dir helfen, die nötige Sicherheit zu finden, die du brauchst, um deine Arbeit dauerhaft gut machen zu können. Er wird auch dann helfen, wenn du überfordert bist, wenn die Arbeit zu viel und vielleicht auch zu unüberschaubar für dich wird. Denn auch das kann passieren. Dann wird er mit dir Ordnung schaffen und die Abläufe so gestalten, dass du wieder mehr Sicherheit bei deiner Arbeit gewinnst.
Dein Arbeitstrainer wird nicht immer und jeden Tag mit dir arbeiten. Er steht aber immer mit dir und dem Unternehmen telefonisch in Kontakt und er wird kommen, wenn du ihn rufst.
Gemeinsam wird er mit dir und dem Unternehmen deinen Arbeitseinsatz immer mehr ausbauen. Er wird ihn aber auch da begrenzen, wo du aufgrund deiner behinderungsbedingten Einschränkungen überfordert bist.
Wichtig ist hierfür, dass ihr eine Vertrauensbasis entwickelt. Allerdings solltest du auch wissen, dass dein Arbeitstrainer nicht immer nur nett zu dir sein kann!

Wenn du in einem Tal bist und den Bergaufstieg nicht wagen willst, muss er als dein Trainer vielleicht das Seil enger spannen, damit du den Berg bezwingen kannst. Ansonsten kann auch, wie beim richtigen Bergsteigen, der Absturz drohen.

Es ist mit deinem Arbeitstrainer ähnlich wie beim Sport:

Dein Trainer jagt dich durch die Halle! Aufwärmtraining, wer will denn so was? Obwohl du eigentlich gar keine Lust hast und dir die Luft auszugehen droht, zwingt er dich, deine Runden zu laufen oder noch mehr zu geben. In dem Moment würdest du ihn am liebsten in der Luft zerreißen. Aber irgendwann wirst du ihm für diese Qualen auch dankbar sein. Damit hat er dir nämlich geholfen, in deiner Entwicklung ein Stück weiter zu kommen!

So ähnlich wird es dir manchmal auch mit deinem Arbeitstrainer ergehen!

Die begleitenden Seminare

Auch wenn du bestimmt froh bist, dass die Schulzeit endlich hinter dir liegt, bei uns wirst du in Tagesseminaren oder kleineren Schulungen neben deiner praktischen Arbeit auch persönlich weiter lernen.
Keine Angst, du musst weder rechnen noch schreiben. Viele EinsteigerInnen haben genau aus diesem Grund große Angst vor der Schulung. Das Ziel unserer Schulungen ist es, dass du langsam in die Rolle eines verantwortlichen Arbeitnehmers hineinwächst. In den Schulungen lernst du, wie toll es ist, sich mit anderen über seine Erfolge und auch Misserfolge austauschen zu können. Gemeinsam nach Lösungen zu suchen und damit auch gemeinsam Probleme aus dem Weg zu räumen - das macht stark!

Deshalb treffen sich die jungen MitarbeiterInnen zu ganztägigen Seminaren. Das geschieht in der Zeit, in der sie ihre ersten beruflichen Fähigkeiten erlernen. Manche treffen sich zu wöchentlichen Fortbildungen am Nachmittag.
An diesen Fortbildungen nehmen meistens 6 bis 8 junge Menschen teil. Neben der gemeinsamen Arbeit wird bei den Tagesseminaren mittags auch gemeinsam gegessen! Da wir als Seminarort oft eine Jugendherberge wählen, sind der Service und die Verkehrsanbindung (fast) immer perfekt!

Weitere Unterstützungsmöglichkeiten

Neben dem Arbeitstraining und den begleitenden Schulungen unterstützen wir unsere MitarbeiterInnen auch in persönlichen Angelegenheiten. In die Welt der Erwachsenen hineinzuwachsen, stellt dich bestimmt oft vor viele Fragen und Probleme.
Irgendwann kommt die Frage, wie und wo du leben willst, wenn du aus deinem Elternhaus herauswächst. Wie kannst du es schaffen, ohne einen Schuldenberg durch das Leben zu kommen? Wo kannst du in deiner Freizeit Freunde kennen lernen und treffen?

Wenn du magst, können wir dich auch hier ein Stück begleiten!
Gemeinsam mit anderen Anbietern versuchen wir Freizeittreffs zu organisieren. In Köln bieten wir zum Beispiel samstags einen Freizeittreff für junge Menschen im Bürgerzentrum MüTZe an. Hier kannst du einfach abhängen, Leute treffen,

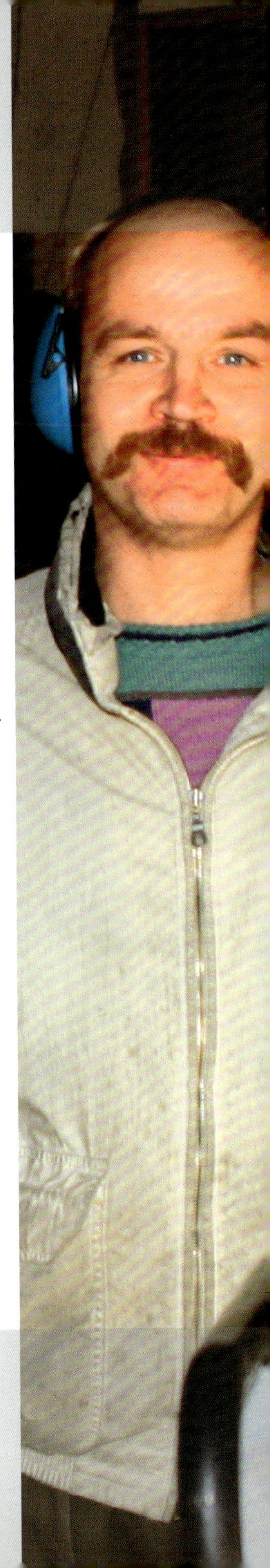

an kleineren Seminaren teilnehmen und vieles mehr.
Darüber hinaus hast du die Möglichkeit, mit unserer Unterstützung in Urlaub zu fahren oder an einer Wochenendfahrt teilzunehmen.
Und manchmal feiern wir mit unseren jungen MitarbeiterInnen dann auch eine *Router Party*! Hierfür benötigen wir mittlerweile schon einen recht großen Raum, da sich auf solchen Party mittlerweile mehr als 50 Leute in deinem Alter treffen.

In der Arbeitswelt angekommen!

Du hast bereits erste berufliche Fähigkeiten an deinem Arbeitsplatz erlernt? Prima! Jetzt geht es um einen echten Arbeitsplatz, und du bekommst einen Arbeitsvertrag. Wie sieht es nun aber mit der Höhe eines Gehaltes aus?

Dies kann je nach Branche sehr unterschiedlich sein. In der Gastronomie sind die Löhne für Helfertätigkeiten meist niedriger als in der Industrie. Auch wird die Entlohnung der MitarbeiterInnen im ***Betreutes Arbeiten in Unternehmen*** niedriger sein als bei den MitarbeiterInnen im Bereich der Anlerntätigkeiten.

Gastronomie - alles, was mit Gästen zu tun hat, also z.B. Gaststätten, Restaurants und Hotels

Als Berufsanfänger wirst du nach deiner Lernzeit nicht mit einem fürstlichen Gehalt einsteigen. Du hast zwar dann deine erste Lernzeit hinter dich gebracht, aber fertig wirst du dann immer noch nicht sein!

Worauf du dann aber auf jeden Fall stolz sein kannst:
Du machst eine gute Arbeit, verdienst damit dein eigenes Geld und hast in einem Wirtschaftsunternehmen eine wichtige Aufgabe übernommen.

Nicht alle unserer MitarbeiterInnen schaffen mit uns den langen Weg bis in die Beschäftigung. Manche von ihnen springen ab. Sie stellen fest, dass sie in einem anderen Unternehmen und mit anderen MitarbeiterInnen bessere Arbeit leisten können. Und manche sind, selbst wenn das bitter sein mag, den Anforderungen der Arbeitswelt noch nicht gewachsen.
Leider müssen wir auch manchmal MitarbeiterInnen kündigen, da sie Mein und Dein nicht auseinander halten können oder weil ihr Verhalten in einem Unternehmen einfach nicht tragbar ist.
Aber bisher haben die meisten ihren Weg in die Arbeitswelt geschafft.
Und darauf sind wir richtig stolz!

Mit dem Abschluss der Einstiegsqualifizierung endet für einige unserer MitarbeiterInnen unser Qualifizierungs- und Unterstützungsangebot. Anders ist es jedoch für diejenigen Menschen, die wegen ihrer anerkannten Behinderung gesetzlich die Möglichkeit haben, entweder durch ein Integrationsunternehmen oder durch eine Werkstatt für Menschen mit Behinderung weiter unterstützt zu werden.
Wenn das bei dir auch so sein wird, können wir dir mit dem ***RouterPrinzip*** auch während der Beschäftigung weiter unterstützend zur Seite stehen.

Die Auseinandersetzung mit deinen behinderungsbedingten Einschränkungen und deren Anerkennung als Schwerbehinderung kann dir in deiner beruflichen Laufbahn auch einige Vorteile bringen!

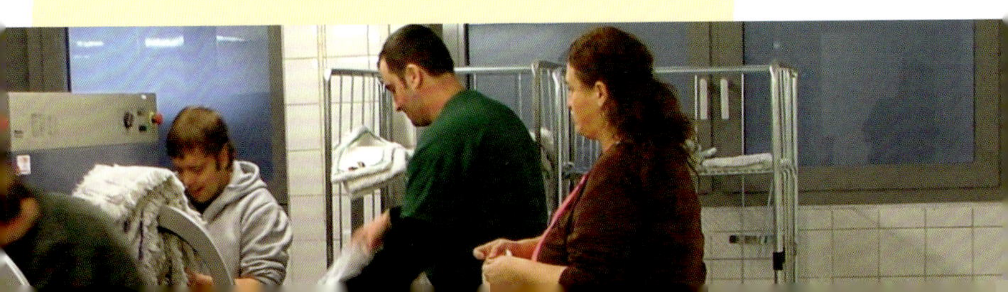

Die kooperative Beschäftigung - Der Vorteil der zwei Arbeitgeber

Manche MitarbeiterInnen benötigen auch während ihrer Beschäftigung die Unterstützung ihres Arbeitstrainers. Die begleitenden Fortbildungen helfen vielen MitarbeiterInnen bei ihrem Sprung in die Rolle als ArbeitnehmerInnen.
Wenn du aufgrund deiner behinderungsbedingten Einschränkungen auch weiterhin die Unterstützung des ***RouterPrinzip*** benötigst und das Integrationsamt dem zustimmen kann, können wir dich im Rahmen der kooperativen Beschäftigung weiter in dem Partnerunternehmen beschäftigen und unterstützen.
Um dies machen zu dürfen haben wir uns aus der kommerziellen Arbeitnehmerüberlassung alle hierfür erforderlichen gesetzlichen Grundlagen ´entliehen`. Als *integrativer* Arbeitnehmerüberlasser können wir dir nun auch dauerhaft, wenn es deine behinderungsbedingten Einschränkungen erfordern, vielleicht sogar bis zu deiner Rente,

deinen persönlichen Arbeitstrainer zur Seite stellen. Als Mitarbeiter von *Füngeling Router* kannst du dann auch langfristig mit der nötigen Unterstützung in deinem Wirtschaftsunternehmen weiterarbeiten.
Auch wenn wir als *Füngeling Router GmbH* dann dein Arbeitgeber sind, übernimmt das Partnerunternehmen in diesem Verbund die Mitverantwortung für deine weitere berufliche Zukunft. Wir bilden dann als Integrationsunternehmen die Brücke zwischen euch!

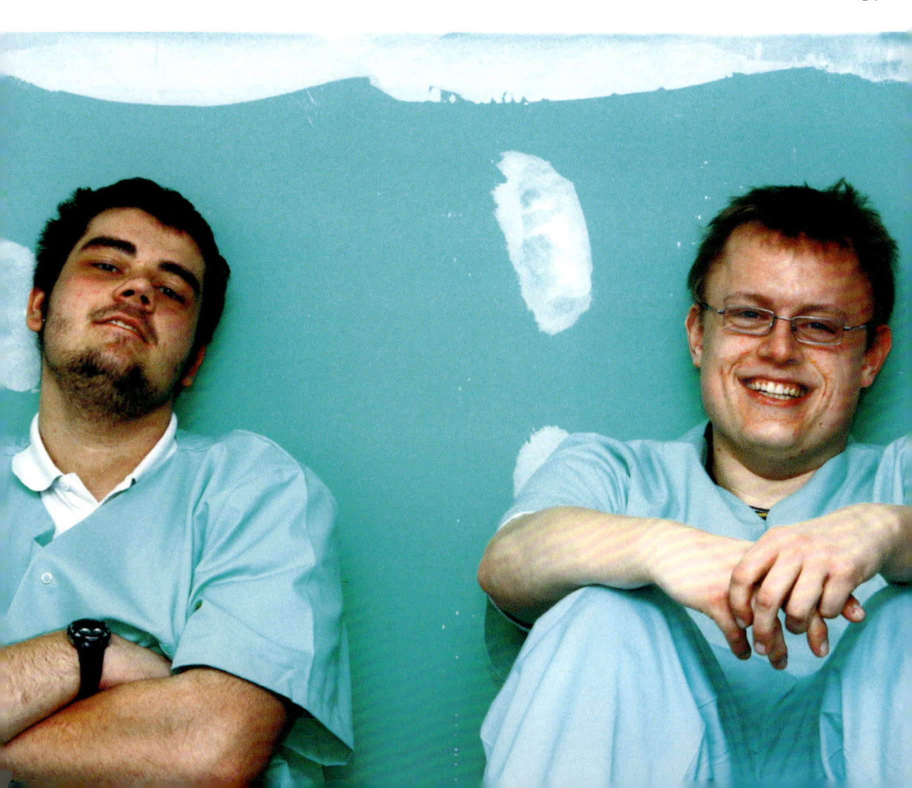

Ähnlich gestaltet sich dies bei ***Betreutes Arbeiten in Unternehmen***.

Betreutes Arbeiten in Unternehmen heißt, dass du als Mitarbeiter der Werkstatt für Menschen mit Behinderung in einem Unternehmen arbeitest. Dort wirst du durch deinen Arbeitstrainer von *Füngeling Router* unterstützt.

RouterPrinzip heißt für uns:

Gemeinsam mit dir und den Partnerunternehmen arbeiten wir immer weiter an Möglichkeiten, damit du -und andere junge Menschen- trotz der mit einer Behinderung verbundenen Einschränkungen Arbeitsprofis werden könnt.

Die neue Form der kooperativen Qualifizierung und Beschäftigung konnte nur entstehen, weil wir uns aus der Arbeitnehmerüberlassung die hierfür wichtigen gesetzlichen und vertraglichen Grundlagen entleihen können. Gäbe es die kommerzielle Arbeitnehmerüberlassung nicht, müssten wir heute immer noch überlegen, wie wir die kooperative Beschäftigung durchführen können!

kommerzielle Arbeitnehmerüberlassung = Leiharbeit

Der Weg im Unternehmerverbund

Mittlerweile arbeiten wir von *Füngeling Router* mit Betrieben aus unterschiedlichen Branchen. Diese Unternehmen bilden einen offenen Verbund. Da wir mit den einzelnen Unternehmen Verträge auf der Basis der kommerziellen Arbeitnehmerüberlassung haben, ergibt sich für dich zusätzlich die Möglichkeit, dass du in einem anderen Kooperationsunternehmen arbeitend weiterlernen kannst. Mit 20 Jahren weiß keiner, wie sich seine berufliche Zukunft entwickeln wird. Aber jeder von uns entwickelt sich nun mal persönlich und beruflich weiter!
Was heißt das nun für dich?
Nehmen wir einmal an, du hast nach den ersten Lernschritten bereits gute berufliche Fähigkeiten entwickelt. Und nehmen wir weiter an, dass du vielleicht schon länger in einem bestimmten Bereich gearbeitet hast. Vielleicht haben dich auch die berufsbegleitenden Seminare und die Erzählungen anderer neugierig gemacht. Und so stellst

du nach und nach fest, dass dich auch andere Arbeitsbereiche interessieren könnten.
Diese Entwicklung wird dein Arbeitstrainer bemerken und ihr werdet bestimmt darüber sprechen. Wenn dein Wunsch nach beruflicher Veränderung wächst, werden wir gemeinsam mit dem Unternehmen, in dem du tätig bist, über deine Wünsche sprechen. Auch das Unternehmen wird deine Veränderung bemerkt haben. Es gibt Fälle, wo dann der Unternehmer in diesem Gespräch sagt, dass er über dich und deine Vorstellungen schon mit einem Partnerunternehmen gesprochen hat. Vielleicht hat der Unternehmer sogar schon Vereinbarungen getroffen, damit du dich in dem anderen Unternehmen erproben kannst. Wenn dein Unternehmen dich aber unbedingt behalten will, wirst du erleben, dass sich auch hier ganz neue Möglichkeiten auftun können.
So oder so, mit dem ***RouterPrinzip*** hast du auch weiterhin die Möglichkeit, beruflich zu wachsen und zu lernen.

Auch wenn du wie andere viel lieber eine Ausbildung gemacht oder studiert hättest, verliert diese bittere Pille, die du nicht schlucken mochtest, ihren fiesen Geschmack. Weshalb?
Nun, lernen findet nicht nur in der Schule statt und bedeutet eben nicht nur Ausbildung. Und so wirst du spätestens jetzt vielleicht erkennen, dass es nicht nur ein schulisches Lernen, sondern auch ein praktisches Lernen gibt!

Es ist eben wie beim Bergsteigen:
Wenn du willst, kannst du dich dein Leben lang an neue Berge herantrauen!